Juventude e Saúde Mental

Organizadores: Edson Saggese
Fernanda Hamann de Oliveira

Juventude e Saúde Mental

A especificidade da clínica com adolescentes

cia. de Freud

Organizadores
Edson Saggese e Fernanda Hamann de Oliveira

Revisão
Sandra Regina Felgueiras

Produçao Editorial
Girlene Kiev Medeiros

Capa
Carolina Ferman

Editoração Eletrônica
Abreu's System

Rio de Janeiro, 2015

CIP-BRASIL. CATALOGAÇÃO-NA-FONTE
SINDICATO NACIONAL DOS EDITORES DE LIVROS, RJ

P969

Juventude e saúde mental: a especificidade da clínica com adolescentes / Organizadores: Edson Saggese e Fernanda Hamann de Oliveira / Editor José Nazar, Rio de Janeiro : Companhia de Freud, 2015.

ISBN 978-85-7724-127-9

1. Psicanálise. 2. Saúde mental . 3. Juventude. I. Saggese, Edson II. Oliveira, Fernanda Hamann.

CDD: 616.8917 CDU 159.964.2

---

cia. de Freud

Endereço para Correspondência
Rua Barão de Sertório, 48 - casa
Tel.: (21) 2273-9357 • (21) 2293-5863
Rio Comprido - Rio de Janeiro
E-mail: ciadefreud@gmail.com

Sumário

Apresentação

Edson Saggese

Juventude e saúde mental: a especificidade da clínica com adolescentes. Os termos contidos no título deste livro merecem um esclarecimento. O que haveria de particular na juventude que justificasse a circunscrição de problemas de saúde mental relacionados a ela? Falar em especificidade da clínica também carrega o ônus de defender a existência de uma clínica voltada para os adolescentes, numa época em que a própria abordagem clínica se vê questionada.

A juventude enfrenta o desafio de viver num mundo pós-tradicional ou ultramoderno que criou um período etário marcado pela indefinição, a adolescência. As sociedades tradicionais dispunham de ritos de passagem que indicavam aos jovens como encaixar seus corpos púberes, em transformação, no espaço social adulto. Nas palavras de Giddens (2012, p. 106):

> A tradição proporcionava as estruturas estabilizadoras que integravam os vestígios da memória em uma memória coerente. Pode-se especular que, à medida que a tradição se desvanece, "a memória dos vestígios" fica mais problemática no que se refere à construção da identidade e ao significado das normas sociais. Daí em diante, a

> reconstrução do passado com os recursos da tradição torna-se uma responsabilidade – e até uma exigência – mais claramente individual.

Partindo dos vestígios da vida infantil, o jovem deve tomar para si a responsabilidade de encontrar os caminhos que antes eram ofertados pela sociedade com suas tradições e ritos de passagem. "É um mundo em que oportunidade e perigo estão equilibrados em igual medida", completa Giddens (2012, p. 92). Começamos a encontrar as justificativas para reunir reflexões sobre juventude e problemas de saúde mental.

O segundo questionamento se refere ao sentido que teria hoje falar da clínica. Não seriam suficientes manuais que descrevem sintomas, codificam síndromes e indicam procedimentos terapêuticos? Se sabemos que a palavra clínica se origina do grego *klinikós* (que diz respeito ao leito do enfermo, ao inclinar-se sobre ele), qual o valor atual desse inclinar-se sobre o paciente para ouvi-lo?

Frente ao avanço da psiquiatria biomédica, tanto no plano do crescimento do seu capital simbólico quanto da sua legitimidade social, afirmamos a necessidade de aprimorarmos as respostas oriundas de uma concepção mais ampla do campo da saúde mental. Não basta contestar teoricamente a hegemonia dos postulados técnico-científicos que procuram reduzir os cuidados quanto ao sofrimento subjetivo às intervenções estritamente médicas, incluindo exames sofisticados e caros (exames de imagem, testes genéticos, etc.), terapias baseadas em fármacos de *última geração* e internações hospitalares supostamente eficazes. Devemos também registrar o limite da atuação psiquiátrica na clínica da adolescência.

Existe uma dor incontornável no processo de adolescer, processo esse que não pode ser cancelado por psicofármacos. A tensão entre o sujeito adolescente e o Outro, seja ele familiar, institucional ou social, não é uma questão ao alcance das intervenções médicas. Ou seja, a adolescência, enquanto fenômeno sociocultural, não pode ser tratada como uma patologia. O que não é a mesma coisa que negar a existência de situações de grave sofrimento psíquico na adolescência. Como lidar com essas situações? A proposta deste livro é apresentar uma série de reflexões e estratégias voltadas para o encaminhamento de questões como essa.

A maior parte dos artigos que se seguem foi produzida a partir de dois diferentes contextos. O primeiro refere-se ao seminário *A clínica com adolescentes na rede de saúde mental*, realizado no município fluminense de Niterói em abril de 2013, quando foram discutidos temas ligados à clínica com adolescentes na rede pública de saúde mental, com a participação de profissionais da rede niteroiense e do *Proadolescer*, grupo de pesquisa e assistência do Instituto de Psiquiatria da UFRJ que, durante três anos, realizou uma pesquisa/ação junto a essa rede. O segundo refere-se ao *I Simpósio Brasil/Moçambique de Saúde Mental de Adolescentes*, realizado em Maputo em maio de 2013, com a participação do *Proadolescer* e da Associação de Psicologia de Moçambique.

E quais foram as principais questões exploradas nesses encontros e registradas ao longo do livro? Vamos a elas.

Existe uma clínica específica com adolescentes? Quais seriam suas características? As respostas para essas questões não são óbvias e fazem parte do artigo inicial que discute as diversas noções de clínica e esboça descrição das peculiaridades da clínica com adolescentes. Na sequência, outros temas vão se costurando ao inicial.

Tempo e diagnóstico: Melman (1987) afirma que, quando se atende um adolescente, às dificuldades próprias da clínica somam-se outras, associadas a esse tempo peculiar no qual o sujeito se encontra em suspensão, convocado a tomar uma posição no mundo e a assumi-la em nome próprio. Essa condição exige que os profissionais de saúde mental suportem uma espera pela possibilidade de formular um diagnóstico, sem a precipitação em criar estigmas ou prognósticos sombrios, mas também sem se posicionar passivamente diante do sofrimento do adolescente.

Em uma situação de emergência, como receber e acolher o estranhamento do mundo, as falas ininteligíveis, a discriminação que atingem os jovens e suas famílias na ocasião do primeiro episódio de aparecimento de sintomas agudos e graves? Haveria justificativas para internações psiquiátricas de adolescentes? A resposta poderia estar numa estrutura que não funcionasse como um local de exclusão, mas como um lugar de acolhida e proteção em relação às exigências ou injunções às quais eles não estão conseguindo responder. Emergência e internação psiquiátrica só fazem sentido dentro de uma política de saúde mental que privilegie o trabalho em rede. Uma rede que começa na possibilidade de um profissional compartilhar com outro algo da sua dificuldade não para se livrar do problema, mas levando em conta que há uma responsabilidade de quem fala, e também de quem escuta, quando se discute um caso[1].

Cabe lembrar que nossa tendência como profissionais de saúde mental é a individualização de cada caso, o que nos ofusca a visão do que está para além do indivíduo. Isso quer dizer que, se recebemos um adolescente com um olhar dirigido somente a ele, acabamos produzindo uma direção individualizada e padronizada de tratamento. Se abrimos o leque para seu contexto, ampliamos as possibilidades de intervenção, produzindo um trabalho com efeitos clínicos e esvaziando algumas demandas de psiquiatrização dirigidas aos serviços de saúde.

Olhar o contexto não significa esquecer o indivíduo. No caso das oficinas terapêuticas para adolescentes, é possível conduzir um trabalho cuidadoso com cada jovem presente, ainda que realizado em torno de um fazer comum. Há que atentar para a maneira muito particular como cada sujeito vivencia a atividade, experimenta os materiais e consegue se expressar. É preciso avançar na tensão permanente entre acolher a especificidade de cada um, buscando garantir seu lugar na atividade, e estimulá-lo a perceber e incluir a presença do outro, assim como a suportar a experiência do coletivo.

---

[1] Nos diversos casos clínicos apresentados ao longo do livro, procurou-se preservar a confidencialidade dos pacientes alterando os nomes deles e de seus familiares, assim como certos detalhes dos casos.

Existe, no Brasil, uma grave realidade de comportamento delinquente entre os jovens. Quando esse comportamento está associado a quadros de psicose, somos colocados frente à necessidade de inventar e de fazer operar no funcionamento da rede de saúde mental um dispositivo de tratamento para pacientes que se encontram duplamente sem lugar no espaço social. Se a loucura está fora do laço social, ela é por ele, em alguma medida, reconhecida, estabelecida e tratada. Mas quando a delinquência ou a criminalidade não é um ato pontual de loucura, e sim a condição de vida de um jovem psicótico, não sabemos o que fazer. O relato de um caso desse gênero revela os impasses enfrentados por uma equipe de saúde mental.

O que, com frequência, é descrito como uma epidemia, o abuso e dependência a substâncias psicoativas como o crack, esconde um grave processo de desfiliação e fragilização dos laços sociais na sociedade brasileira. Quando se toma a questão de nosso lumpemproletariado, atualmente muito marcado pelo uso de drogas, dão-lhes as vestes dos "viciados universais", e, a seguir, os tratamentos propostos passam a exigir-lhes muito mais do que podem, efetivamente, oferecer – que eles superem sua condição histórica e integrem-se à sociedade capitalista ultrapassando sua situação à margem dela.

Ora, o que temos encontrado, enquanto Estado, ao abordar nossos usuários nas comunidades e nas ruas, é que as condições para o nosso lúmpen já estavam aí agindo, produzindo-o enquanto grupo social, e que a droga não é de modo algum o principal e muito menos o único agente de sua situação – estes lhe são anteriores, históricos. As determinações dos fracassos das iniciativas em relação às drogas não são específicas dessa problemática, elas são as mesmas que se encontram na educação, na assistência social e na saúde de maneira geral.

Levar em conta as críticas quanto à atual abordagem terapêutica do uso de drogas pelos jovens não significa deixar de escutá-los e de buscar caminhos de cuidados que alcancem os problemas de fundo que os acometem. A escuta do que havia de singular na fala de um adolescente contribuiu para esclarecer a forma específica de esse jovem usar a droga e se relacionar com o mundo. O acolhimento do significante "liguinha" como nome da atração sexual dele por mulheres permitiu à analista discernir diferentes definições de amor criadas pelo jovem, que pareciam abrir uma via por onde a transferência possibilitaria um trabalho, ajudando-o na confecção de opções na relação com o Outro e atenuando seu atrelamento à compulsão da dependência às drogas.

Outro caso relatado, que nos situa no cruzamento de várias questões que interessam à clínica psicanalítica na contemporaneidade, traz um exemplo do modo de trabalho do *Proadolescer*, que convida o sujeito a falar daquilo que lhe produz mal-estar ao invés de se esforçar para obturar o sintoma. Trata-se de um caso de *neurose obsessiva*, termo que tem sido com uma frequência cada vez maior substituído, na mídia e no meio médico-psicológico, pela expressão *transtorno obsessivo compulsivo* (TOC), sem que isso indique um mero modismo significante, mas, ao contrário, apontando para uma profunda transformação na maneira de compreender e tratar o problema. A moderna medicina mental tende a descartar toda a produção da psicanálise sobre o tema, tanto clínica como teórica, e substituí-la por conceitos neurobiológicos, apresentando propostas terapêuticas igualmente distantes do aporte psicanalítico. Seria essa mudança produto de notáveis avanços clínicos ou refletiria somente a hegemonia ideológica de uma corrente da medicina contemporânea?

Outra situação clínica que pode se tornar especialmente grave quando associada à adolescência, e que atinge sobretudo jovens, a anorexia coloca importantes desafios ao nosso campo. Receber adolescentes com um alto grau de emagrecimento, e com todas as consequências fisiológicas que essa grande perda de peso acarreta, produz situações delicadas de manejar. Por um lado, o analista não pode abrir mão da escuta do sujeito. Por outro, os limites colocados pelo corpo produzem riscos à saúde do indivíduo que não devem ser negligenciados. Os riscos incitam uma urgência que faz coro com a aflição dos familiares e, não raro, acaba precipitando intervenções do analista – e também dos demais profissionais que trabalham com o adolescente. Sendo assim, como dialogar com esses profissionais, acolher a aflição da família e sustentar a escuta do sujeito sem, contudo, se deixar atropelar por essa urgência que também atravessa a escuta do analista?

Como é próprio da clínica com adolescentes, criam-se vínculos dos jovens e familiares com os profissionais que cuidam deles. Mas até quando esses vínculos devem ser mantidos após o término formal do tratamento? Quer seja para dar notícias sobre suas vidas, quer seja para solicitar um novo encontro, muitos adolescentes – sujeitos às voltas com esse tempo de passagem, de travessia – retornam ao serviço tempos depois e estreitam contatos cujo enquadramento nos parece um tanto impreciso. Ainda somos seus terapeutas? De que lugar escutá-los? O que eles esperam de nós?

Finalmente, chegamos ao campo da supervisão de atendimentos a adolescentes. Esse campo tende a espelhar as dificuldades próprias da clínica com o adolescente que se relacionam ao processo subjetivo pelo qual ele passa e precisa atravessar. Quando não se reconhece as questões inerentes à complexidade do sujeito adolescente, usualmente se rechaça o problema como fora do alcance terapêutico. Se não se sabe fazer algo, mais fácil afirmar que não é importante fazê-lo. E a exclusão, tanto da família, por dificuldades em atendê-la, quanto do próprio adolescente, por muitas vezes não ser possível encaixá-lo num modelo de atendimento de certa forma padronizado e conhecido, acontece constantemente. Qual o papel das supervisões clínicas na superação desses entraves?

Manter o espírito da reforma psiquiátrica e da luta antimanicomial no Brasil deve significar a busca permanente de estratégias de cuidado verdadeiramente eficazes para evitar a exclusão e dar conta da variabilidade da apresentação do grave sofrimento psíquico. Se essas afirmações são válidas para a saúde mental de adultos, ainda mais o são para a de adolescentes. Oferecer cuidados eficazes desde o início, desde o momento da procura pela atenção, contribui para a criação de uma nova mentalidade por parte das famílias dos jovens com problemas de saúde mental. Essas famílias passam a acreditar na eficácia dos atendimentos extra-hospitalares e não excludentes, o que é fundamental para os cuidados futuros de adolescentes com quadros crônicos. Quanto aos adolescentes com quadros agudos e transitórios, a passagem por um serviço de saúde mental terá sido não um estigma que os marcará até a morte, mas um suporte necessário para a travessia de um momento difícil da vida.

Referências bibliográficas

Giddens, A. A vida em uma sociedade pós-tradicional. In: Beck, U.; Giddens, A. & Lash, S. *Modernização reflexiva: política, tradição e estética na ordem social moderna*. São Paulo: Unesp, 2012.

Melman, C. Os adolescentes estão sempre confrontados ao Minotauro. *Adolescência: entre o passado e o futuro*. Associação Psicanalítica de Porto Alegre. Porto Alegre: Artes e Ofícios, 1987.

Existe uma clínica específica com adolescentes?[1]

Edson Saggese

Existe uma clínica específica com adolescentes? Quais seriam as características dessa clínica? As respostas para essas questões não são óbvias. A começar pelo próprio conceito de clínica. Se a etimologia de clínica vem do grego *klinikós* (que diz respeito ao leito do enfermo, ao inclinar-se sobre ele), seu uso entre nós extrapola muito suas origens.

Falamos em clínica psiquiátrica, uma especialidade médica, e em clínica psicanalítica, cujos contornos não se superpõem aos da clínica psiquiátrica. A psiquiatria contemporânea orienta-se por parâmetros diferentes daqueles psicanalíticos. O sintoma não é tomado como o resultado de um conflito psíquico e deve ser contido porque perturba o bem-estar do indivíduo. As intervenções psiquiátricas querem ser extremamente objetivas, classificando e aplacando os sintomas e não remetendo a qualquer questionamento subjetivo, o qual passou a ser quase exclusivo da clínica psicanalítica. Ou seja, só a psicanálise leva em consideração a posição do sujeito, procura sa-

[1] Trabalho apresentado no seminário *A clínica com adolescentes na rede de saúde mental*, realizado em Niterói, RJ, reunindo profissionais do *Proadolescer* e da rede de saúde mental desse município, em 26 de abril de 2013.

ber que conflitos levaram à formação do sintoma. Para a psiquiatria basta identificar o sintoma, saber de que síndrome faz parte e seguir um fluxograma de tratamento: se o medicamento x não fez efeito passa-se ao y, associa-se y com z ou combina-se com uma terapia cognitivo-comportamental.

Com a introdução do conceito de *rede de saúde mental*, a noção de clínica mescla-se também às de ações administrativas e políticas. Certamente não desconhecemos a importância da Política (com maiúscula) em toda atividade humana. O risco que tememos é o de que o peso das ações político-administrativas (com minúscula) leve a clínica a desaparecer debaixo do leito do paciente sobre o qual deveríamos nos inclinar. Isto é, perder a importância frente a questões burocráticas e políticas.

Ainda temos mais complicadores para abordar a clínica com adolescentes: quem quer que receba a demanda de atender adolescentes (psiquiatra, psicanalista ou outro técnico da rede de saúde mental) não recebe uma demanda simples. A demanda está sempre atravessada por um outro (a família, a escola, a justiça). Por onde, então, começar a responder às perguntas, que colocamos no início, sobre a existência e as características da clínica com adolescentes?

Para dar conta dessas questões devemos primeiro abordar o próprio conceito de adolescência. A adolescência não se reduz a uma simples fase do desenvolvimento. Para entendermos o que é a chamada *crise da adolescência* devemos entender a transformação do processo de constituição do sujeito nas modernas sociedades individualistas (Dumont, 1985; Elias, 1994; Simmel, 1964). Com a progressiva nuclearização da família e a construção de um novo esquema de periodizar a vida, ocorreu um conjunto de transformações que, desfazendo os laços das sociedades tradicionais, estabeleceu a sociabilidade contemporânea. Nessa sociedade, como pode o indivíduo obter uma estabilização quanto ao seu lugar no laço social? Essa é a questão à qual o adolescente é brutalmente introduzido.

Sociedades pré-modernas traçavam um percurso para seus componentes durante todo o processo vital. Ou seja, não existia esse período crítico que hoje chamamos adolescência. Ritos de passagem conduziam o jovem da infância ao papel de adulto (Van Gennep, 1981). Esses ritos de passagem indicavam aos jovens como encaixar seus corpos em transformação no espaço social adulto. Tudo fazia sentido: as transformações corporais, as marcas produzidas no corpo, as atitudes esperadas pela sociedade. A passagem para a vida adulta estava sob o controle social.

Na sociedade moderna o jovem tem que lidar com a falta de um sentido predeterminado para as mudanças que seu corpo sofre. Os *piercings* e as tatuagens, as roupas exóticas e os comportamentos extravagantes apontam para uma tentativa de criar pontos de identificação, baseados no corpo, para dar conta da necessidade de encontrar uma segurança identitária para o sujeito. Mas numa sociedade em constante transformação nada é suficiente para dar conta do lugar de cada sujeito. As modas se sucedem, as referências que uma determinada tatuagem podia fornecer se esgotam. O nome do amado, registrado na pele, passa a ser só a lembrança de uma relação que terminou e foi sucedida por outra. As roupas e atitudes que marcavam o pertencimento do jovem a uma *tribo urbana* definida perderam a razão de ser, pois a *tribo* se dissolveu após alguns conflitos entre seus membros.

Há uma busca frenética por identificações imaginárias quando o referencial simbólico do Outro social se fragmenta. A identificação imaginária aponta para uma imagem – o eu ideal – que nos faria dignos do amor do outro, ela se constitui para um olhar do Outro. A identificação simbólica está situada nesse lugar do Outro – o ideal do eu –, o ponto de onde somos observados para a avaliação se somos dignos de amor.

Retomando a questão sobre a existência de uma clínica específica com adolescentes, devemos, tendo em vista a complexidade do tema, desdobrá-la em três aspectos: a clínica psiquiátrica, a clínica da família e a clínica psicanalítica.

1. A clínica psiquiátrica da adolescência

A moderna psiquiatria preocupa-se, sobretudo, com as estratégias que conduzam a um alívio sintomático e, a partir da década de 1950, começou a obter recursos químicos para agir sobre os sintomas dos pacientes. Os psicofármacos produzem efeitos sobre o nível de ansiedade, o estado do humor, as alterações sensoperceptivas (alucinações, por exemplo). A indústria farmacêutica certamente desenvolveu produtos capazes de aliviar o sofrimento psíquico dos indivíduos. Eles foram bem e mal usados, mas não podemos dispensá-los levianamente. Não devemos confundir o uso de substâncias químicas para fins de controle social com o uso dessas substâncias a partir de uma demanda de alívio do sofrimento.

A busca pelos *paraísos artificiais*, ou seja, a procura de meios para aliviar o desconforto do viver, tem origem tão longínqua quanto o aparecimento das primeiras civilizações. O homem procura diminuir o sofrimento e alcançar um estágio de felicidade com o uso de drogas, quer elas sejam aceitas socialmente, quer sejam consideradas ilegais. As críticas que fazemos à psiquiatria contemporânea não devem ser tomadas como um discurso antipsiquiátrico. A antipsiquiatria, que esteve em voga nos anos 1960, identificava o paciente psiquiátrico como um bode expiatório dos males sociais. Nossa crítica atual recai sobre certas postulações da psiquiatria para as quais o sintoma não é tomado como o resultado de um conflito psíquico e deve ser contido a todo custo porque perturba o bem-estar do indivíduo. As intervenções, para esse tipo de clínica, são objetivas, classificando e tentando aplacar os sintomas, e não remetem a qualquer questionamento subjetivo. Na moderna visão da psiquiatria, a depressão, a ansiedade, a compulsão não necessitariam de nenhuma elaboração psíquica, mas de estratégias de controle desses tipos de sofrimento com fármacos e técnicas comportamentais.

Facilmente identificamos o limite da atuação psiquiátrica na clínica da adolescência. Existe um sofrimento incontornável no processo de adolescer que não pode ser cancelado por psicofármacos. A tensão entre o sujeito adolescente e o Outro, seja ele familiar, institucional ou social, não é uma questão ao alcance das intervenções médicas. Ou seja, a adolescência, enquanto fenômeno sociocultural, não pode ser tratada como uma patologia. O que não é a mesma coisa que dizer que não existem fenômenos francamente patológicos na adolescência.

O uso de álcool e drogas ilícitas (maconha, cocaína, crack) tem sido alardeado como um grave problema para a juventude contemporânea e mesmo como uma epidemia. Não estaria essa *epidemia* ligada ao desconforto da condição adolescente? A desconstrução de um horizonte de valores que fornecesse algum continente aos jovens também não seria responsável pela busca de um gozo imediato e ilimitado? Valeria a pena lutarmos para substituir o uso dessas drogas ilícitas por drogas lícitas (antidepressivos, ansiolíticos, estabilizadores do humor)? Assistimos também a uma *epidemia* de uso de psicofármacos em adolescentes. João Rodrigo (16 anos) chegou ao *Proadolescer* (Saggese *et al.*, 2013) fazendo uso de 13 medicamentos (antipsicóticos, estabilizadores de humor, ansiolíticos, anti-histamínicos), apresentando considerável aumento de peso e sérios problemas hepáticos e intestinais. Desde o início, nossa equipe trabalhou de forma integrada no suporte à redução gradativa das medicações que estavam sendo ministradas. Os nossos objetivos eram chegar ao entendimento do quadro clínico, mascarado pelo embotamento produzido pela medicação, e diminuir os efeitos adversos do intenso uso dos remédios. Esse caso não é uma exceção, são muitos os adolescentes que nos chegam polimedicados. Ficamos com a impressão de que há uma pressão familiar e social para uma solução imediata, e o psiquiatra usa todo o arsenal medicamentoso para dá-la. Mas não há como contornar os intervalos entre o instante de ver, o tempo para compreender e o momento de concluir[2].

---

[2] Vide o texto de Lacan "O tempo lógico e a asserção de certeza antecipada" (*Escritos*, p. 197-213), que se desenvolve no contexto da justificativa para o corte na sessão analítica, mas que, a nosso ver, pode ser extrapolado para outros contextos.

O momento de compreender aponta para a importância de identificarmos na clínica da adolescência o real problema de estabelecer diagnósticos nesse período etário. A questão mais difícil não é propriamente diagnosticar adolescentes e sim diagnosticar quadros sintomáticos no seu início – início esse que com frequência coincide com a adolescência. As possibilidades de desestabilização próprias da crise da adolescência propiciam o início de pautas sintomáticas, que a psiquiatria chama de transtornos, distúrbios ou doenças, e aí começam as questões diagnósticas. Kraepelin (1904), psiquiatra alemão que produziu suas principais obras entre o fim do século XIX e o início do século XX, estabeleceu um sólido conceito sobre a classificação das chamadas doenças mentais. Ele afirmava que diagnóstico em psiquiatria só era possível com o seguimento da evolução e, portanto, ligada ao transcurso do tempo. O diagnóstico é dependente do tempo e a adolescência encontra-se sob o signo da pressa. Como estabelecer parâmetros diagnósticos no início das alterações sintomáticas? Essa é a questão que interessa à clínica da adolescência e demarca sua peculiaridade no contexto da clínica psiquiátrica. Os limites dessa clínica remetem ao próximo item.

2. A clínica da família adolescente

Devemos reconhecer que a clínica com adolescentes não é uma atividade que pode voltar-se exclusivamente a um sujeito. O que não é a mesma coisa que negar que ela deva dirigir-se ao sujeito adolescente. O que queremos dizer é que a clínica da adolescência também é a clínica da família.

A adolescência pode ser vista, sobretudo, como uma travessia entre o espaço intra e o extrafamiliar. A família constitui um espaço especial na sociedade moderna. Dentro dela permanecem regras abolidas no contexto social mais amplo. Nela há a predominância do afetivo e a hierarquização das relações. Quer dizer, a família é um lugar privilegiado de trocas afetivas, ainda que essas trocas afetivas estejam atualmente muito mediadas pelo consumo. Há também uma hierarquia de lugares, ou seja, uma definição do papel de cada um dentro do microcosmo familiar: o que cabe ao pai, à mãe, aos filhos. Pode-se argumentar que a família está em mutação. Tornaram-se lugar comum as queixas *no meu tempo... com meus pais era diferente... havia respeito*. Compara-se a família atual com a de gerações anteriores para indicar que a vida familiar já foi mais ordenada. Esse tipo de nostalgia conduz a uma série de orientações psicológicas ou pedagógicas sobre como os pais devem agir para manter o controle dos filhos. Orientações inúteis, porque as transformações sociais não regridem. Não há, nem na vida individual nem na social, a possibilidade de volta ao passado.

Mesmo que considerando essas mutações da família, a mediação entre o nascimento biológico e a socialização primária do ser humano parece ser uma função para qual a família ainda é insubstituível. Mas a percepção de que a família é um espaço especial no contexto social e a crescente partilha de funções entre ela e outras instâncias sociais conduzem a importantes impasses. A família constitui uma espécie de *indivíduo coletivo* capaz de oferecer a seus membros uma diferenciação provisória que os prepara para uma certa individualidade absoluta, fora do círculo familiar. Ao mesmo tempo, o espaço familiar protege, temporariamente, os adolescentes contra a necessidade de individualizar-se de forma única e solitária.

O adolescente está numa particular condição de *extimidade*[3], ao mesmo tempo dentro e fora da família. Nesse campo da clínica, devemos trabalhar no terreno da tensão entre a estabilidade impossível e a mudança insuportável. Pensamos numa *família adolescente*, já que à

---

3 Neologismo criado por Lacan (1968-1969), *êxtimo* é o que está mais próximo, o mais interior, sem deixar de ser exterior.

travessia do adolescente corresponde uma travessia para a família – que ocupa um lugar ambíguo, ora representando ela mesma o indivíduo para o conjunto social, ora apresentando-se como o círculo menor do qual o indivíduo deve separar-se. Apesar de a vida dentro de um pequeno círculo, a família, poder não ser favorável à manutenção da individualidade, ainda assim, frente a uma grande comunidade cultural, a inclusão numa família fornece certo amparo ao sentimento de ser um sujeito que deve responder por si mesmo às injunções do Outro.

A saída do jovem do núcleo familiar de origem pode revelar o que havia de sintomático no lugar ocupado pela criança como sintoma da família ou de um dos pais. Como consequência há que haver um rearranjo da estrutura familiar. A demanda de cura para os problemas do filho pode ser uma resistência a esse rearranjo. Pode resultar daí a oposição dos pais (oposição em geral inconsciente) às mudanças do adolescente que o deixariam fora do papel sintomático que suportava. Não raro as queixas iniciais quanto às dificuldades com o filho transformam-se, ao longo dos atendimentos, em questões referentes ao relacionamento do casal parental.

Mesmo quando são justificadas as preocupações da família com a gravidade da crise daquele adolescente, enfrentamos a demanda familiar para uma cura sintomática rápida que restitua o jovem à situação anterior, suposta saudável. Essa demanda quase nunca pode ser respondida pelos terapeutas. Mesmo porque para o adolescente não há retorno e a resposta do sujeito a sua crise só pode ser encontrada no futuro. É necessário dar suporte à família para que ela possa aceitar as oscilações sintomáticas que ocorrem, sobretudo nos casos mais graves, e ajudá-la a descobrir novas maneiras de se relacionar com o adolescente. A escuta oferecida à família, acrescentada ao atendimento psicanalítico e/ou psiquiátrico do adolescente, ajuda a preservar o espaço de tratamento deste, uma vez que esse atendimento tende a sofrer menos as tentativas de invasão e interrupção por parte das famílias mais ansiosas e conflitivas.

Coerentes com nossa visão sobre a adolescência, devemos lembrar que o trabalho clínico não se esgota com a família, ele se dirige ao sujeito. Com isso passamos ao próximo item.

3. A clínica do sujeito adolescente

Tal clínica corresponde àquela na qual a entrada deveria ser a saída. Não vamos deixar sem explicação essa frase aparentemente enigmática. Trata-se da insuportável leveza do Outro. Vamos tentar colocar melhor as coisas.

A adolescência veio constituir na sociedade moderna o momento em que o sujeito tem que tomar a palavra. Deixar para trás o escudo do Outro familiar. Responder por si mesmo às questões existenciais básicas: como estou colocado na partilha dos sexos – homem ou mulher? Viver é um dever ou uma escolha – nas palavras de Hamlet: *to be or not to be*? Devo adotar os valores sociais hegemônicos ou recusá-los e pagar o preço? Ele, o adolescente, está condenado a escolher ou a permanecer *infante*, no sentido etimológico da palavra: aquele que não fala, que não tem voz. Mas falar por si mesmo seria fácil? O bla-bla-blá sempre é possível, mas inconsistente. É dessa inconsistência que o adolescente se dá conta e toma um dos caminhos que frequentemente se cruzam: adere desesperadamente a um pouco desse bla-bla-blá, aos modismos, busca a aceitação pelo Outro a qualquer custo. Canta as mesmas músicas que seus pares, veste-se de forma original (originalmente igual a milhares de outros). Ou toma o caminho inverso, revolta-se, toma partido, rebelde com ou sem causa.

Aqui talvez fosse bom esclarecer aos menos familiarizados com a linguagem psicanalítica lacaniana o que estamos chamando de Outro, com maiúscula, o grande Outro. O Outro é um lugar, um lugar de onde vêm as determinações simbólicas da história do sujeito, é o lugar do inconsciente onde se arquivam os significantes que marcam a história do sujeito. Como consequência da existência desse Outro, o eu consciente vai ocupar um papel secundário na determinação da vida do indivíduo. O principal foge ao controle, se desenrola numa *outra cena*, como diz Freud. Essa cena do inconsciente é o campo do grande Outro. Por que grande? Para diferenciar de um pequeno outro, nossa imagem especular, a confusão que fazemos entre nossa imagem e aquelas dos nossos semelhantes. Basicamente, o pequeno outro é o lugar do nosso ego, nosso eu, uma imagem que fazemos do que somos, mas na verdade é só a ponta do *iceberg* da nossa condição de sujeito.

De algum modo, o adolescente se dá conta da inconsistência desse Outro, inconsistência das suas respostas, inconsistência das suas verdades. Frente àquelas questões realmente importantes para o sujeito (a partilha dos sexos; escolher viver ou não; adotar os valores sociais hegemônicos ou recusá-los e pagar o preço), não há resposta pronta. E quando não se encontra resposta no Outro, no lado do sujeito há um desvanecimento, uma destituição. Aí está a raiz das graves crises na adolescência. Na verdade, não podemos falar em uma crise, mas em crises. Há, de acordo com a potencialidade do sujeito, vários graus de crise, de desestabilização.

O desvelamento de uma estrutura psicótica, por exemplo, coloca limites às nossas ações e ao próprio atravessamento da adolescência. Há uma pós-adolescência para o psicótico? Seu processo de separação do Outro não estaria severamente limitado? Temos que ter atenção para interromper nosso *furor curandis*, refrear, frente à psicose, a condução de um tratamento que vise à independência do adolescente psicótico. Podemos apenas ajudá-lo a encontrar a máxima distância possível da alienação ao Outro. Devemos refrear nossa tendência de culpabilizar a família por não permitir a independência do jovem psicótico, sem deixar de reconhecer que ele tem direito a voz. Mesmo que tomado frequentemente pelas vozes alucinatórias, ainda permanece um sujeito. Quantas vezes a parte mais importante do nosso trabalho é defender o direito do psicótico ao discurso! Discurso desqualificado pela família, inaudível para as instituições sociais.

Deixando o caso extremo da psicose, podemos pensar nos outros casos de desestabilização do adolescente. Esses casos são muito variados: sintomas de ansiedade aguda, sintomas obsessivo-compulsivos, sintomas histéricos, transtornos alimentares (anorexia/bulimia), comportamento antissocial, depressões, enfim, cada adolescente vai produzir sua pauta sintomática. Há um conjunto de quadros clínicos que podem tomar características de gravidade mesmo que não sejam quadros psicóticos.

Esses sintomas constituem diversas respostas possíveis à inconsistência do Outro. Eles apontam para o insuportável, pois estão diretamente ligados ao *ponto de falta* do desejo materno. Refraseando: o desejo materno aqui representa o mais original do desejo do Outro, aquilo que ele quer de nós, o que justificaria nossa existência. Só que a definição última do que o Outro quer de nós não existe. Só podemos fazer uma suposição do que o Outro quer de nós. Supomos que viemos ao mundo para preencher uma falta no Outro e o primeiro objeto proposto pelo sujeito para interrogar essa falta, cujo objeto é desconhecido, é sua própria morte ou desaparecimento: – *Pode ele [o Outro] me perder?* (Lacan, 1998). Essa questão conjuga a falta no Outro com a ameaça de desaparecimento do sujeito.

Conforme anteriormente descrevi, a adolescência aporta uma pressão no sentido da ruptura com a vida familiar, o que atualiza essa ameaça. A ameaça do desaparecimento do sujeito que não encontra nenhuma resposta consistente por parte do Outro para justificar sua existência. Talvez essa seja a explicação para a afirmação de Freud (1905) de que uma das realizações psíquicas mais significativas, porém também mais dolorosas, do período da puberdade é o desligamento da autoridade dos pais. Poderíamos entender, no contexto, autoridade como toda a consistência esperada do Outro paterno, que se dissolveria aos olhos do adolescente.

Vamos retomar a questão aparentemente enigmática sobre a clínica do sujeito adolescente, que corresponderia àquela na qual a entrada deveria ser a saída. A clínica psicanalítica aponta para a impossibilidade de encontrar um lugar no Outro. Encontrar uma resposta vinda do Outro para as questões do sujeito. Mas para chegar a esse término é necessário todo o percurso de uma análise. O sujeito precisa percorrer um processo de destituição subjetiva que corresponde à descoberta de que não há garantias vindas do Outro para colocar em jogo seu desejo. O adolescente depara-se subitamente com essa falta de garantias. Produz respostas sintomáticas para esconder-se dessa falta.

O que deveria ser a saída, após um processo analítico, se apresenta na chegada com a chegada da adolescência. Não haveria na adolescência o tempo de compreender, sendo o jovem apresentado brutalmente a sua destituição subjetiva, correlata à inconsistência do Outro. O pai do ideal não encontra correspondente no pai que a realidade concreta apresenta. Essa discordância entre *Um Pai* – enquanto fundador de uma função ideal – e o pai da filiação é marca das sociedades modernas. A figura do pai já não funciona nem mesmo como cristalizadora de duras tradições contra as quais podiam se manifestar as revoltas juvenis. Ou nas palavras do antigo rock do Ultraje a Rigor: *Não vai dar, assim não vai dar. Como é que eu vou crescer sem ter com quem me revoltar?*

A partir dessas ideias, podemos compreender as dificuldades de atender adolescentes, que são muitas vezes tidos como avessos à psicanálise. Se o analista tem muitas respostas, arrisca-se a encontrar-se com a oposição do jovem que precisa separar-se das verdades genéricas apresentadas pelo Outro. Se, ao contrário, não dá, o analista, resposta nenhuma, corre o risco de acirrar, demasiado, a ansiedade daquele que já se encontra frente ao vazio das respostas a suas questões fundamentais. O analista pode ser rapidamente confrontado quanto a sua função e confundir as dificuldades do adolescente em articular um discurso sobre si mesmo com a inexistência de demanda por análise. É preciso entender que até falar a um adulto pode constituir um desafio para o jovem. Então pode ser necessário encontrá-lo no seu terreno, ou seja, escutar qualquer possibilidade de articulação discursiva que ele tenha, mesmo que pareça não estar falando dele ou não estar dizendo nada de relevante.

Um grande perigo para o analista é pensar que é analista. Assim como o rei que pensa que é rei. O rei, tal como o analista, ocupa um lugar e não pode confundir-se com esse lugar. Muitos analistas ficam aprisionados na obrigação de representarem permanentemente o papel de analistas. Na clínica psicanalítica com adolescentes, somos convocados a flexibilizar o lugar de analista e responder do lugar de homem, de mulher, de colega, de pai, de conselheiro sentimental, de torcedor, de apreciador de videogames etc. Podemos jogar com esses papéis e aprender alguma coisa sobre o jovem, enquanto esperamos a instituição da transferência que nos colocaria na posição de analista. A transferência, sendo uma suposição de um saber que o analista deteria, ajuda o jovem a suportar sua travessia ao encontro das suas verdades.

Para não concluir, confesso a insatisfação sobre o saber que se pode transmitir. A insatisfação com um saber que não pode ser completo. Ainda mais quando se está lidando com temas como a clínica e a adolescência. Temas que apontam diretamente para a incompletude do saber. Em todo caso, espero ter passado algo da especificidade da clínica com adolescentes como é desenvolvida pelo *Proadolescer*, uma pesquisa clínica que vem há mais de vinte anos tentando criar condições para escutar e cuidar de adolescentes.

Referências bibliográficas

Dumont, L. *O individualismo.* Rio de Janeiro: Rocco, 1985.

Elias, N. *A sociedade dos indivíduos.* Rio de Janeiro: Zahar, 1994.

Freud, S. (1905). Tres ensayos de teoría sexual. *Obras completas.* Buenos Aires: Amorrortu, 1986.

Kraepelin, E. *Tratatto di psichiatria.* Milano: Vallardi, 1904.

Lacan, J. *Escritos*. Rio de Janeiro: Zahar, 1998.

Lacan, J. (1968-1969). *O seminário, livro 16: de um Outro ao outro.* Rio de Janeiro: Zahar, 2008.

Saggese, E.; Oliveira, F. H. & Sodré Teixeira, S. B. S. (Orgs.). *Proadolescer: pesquisa e clínica com adolescentes na rede de saúde mental.* Rio de Janeiro: 7Letras, 2013.

Simmel, G. Individual and society in eighteenth-and-nineteenth century views of life. Wolf, K. H. (Ed.). *The sociology of Georg Simmel.* Nova York: The Free Press, 1964.

Van Gennep, A. *Les rites de passage*. Paris: Picard, 1981.

Três questões recorrentes na clínica psicanalítica com adolescentes

Fernanda Hamann de Oliveira
Maria Aimée Laupman Ferraz

Parece-me que o interesse dos analistas está dirigido erradamente. Em vez de indagar como se dá a cura pela análise, deveriam perguntar quais os obstáculos que se colocam no caminho dela.

(Freud, 1937)

A experiência de uma análise não transcorre sem dificuldades, tanto da parte do analisante quanto da parte do analista. Quando se atende um adolescente, às dificuldades próprias da clínica somam-se outras, associadas a esse tempo peculiar no qual o sujeito se encontra em suspensão, convocado a tomar uma posição no mundo e a assumi-la em nome próprio (Melman, 1987).

Provocadas pelo que há de especificidade no trabalho com adolescentes, cernimos três questões recorrentes nesse campo, a fim de desdobrá-las: 1. *Como manejar a demanda dos pais?*, 2. *Como manejar a transferência do adolescente?* e 3. *O que esperar da análise do adolescente?*

Como manejar a demanda dos pais?

Um adolescente dificilmente toma a iniciativa de procurar um analista. Na imensa maioria dos casos, ele é levado à consulta pelos responsáveis (sejam eles seus progenitores ou não), que enunciam uma queixa sobre algo que não vai bem com relação ao jovem, em casa, na escola ou em outros espaços sociais.

Ainda que as queixas parentais tragam temáticas distintas, o momento de chegada de um adolescente tem uma similaridade com o momento de chegada de uma criança a um espaço de tratamento: ambos incluem o que se costuma chamar de *demanda terceirizada*. A primeira distinção entre ambas as situações se encontra nas diferentes maneiras como o adolescente e a criança, respectivamente, podem se posicionar com relação à fala dos pais.

A criança, falada pelos pais, tende a se manter especialmente submetida a esses outros fundamentais, inclusive nos modos como se constrói sua patologia, situando-se como sintoma do casal parental ou como objeto na fantasia da mãe (Lacan, 1969).

O adolescente, por sua vez, também chega falado pelos pais, mas está justamente diante da missão de abandonar essa posição, passando da condição de *ser falado* para a condição de *falar de si*. Trata-se de uma missão complicada para o jovem, mas também para os pais, muitos dos quais não conseguem perceber e aceitar um processo que tende a uma separação entre eles e o filho (Saggese *et al.*, 2013).

Assim, as entrevistas iniciais já podem oferecer as primeiras oportunidades de manejo da ansiedade dos pais em falar *pelo* filho nos momentos em que o analista abre espaço para que surja uma fala do adolescente *em nome próprio*. Tal abertura, via de regra, não se dá de uma vez por todas: é comum que o analista precise repetidamente convidar o jovem a se pronunciar quanto à queixa que o outro enuncia sobre ele, antes que ele possa enunciar sua própria queixa. Sem *responder* à demanda parental – mas também sem deixar de *acolhê-la* –, há que se abrir um espaço *para além* dessa demanda terceirizada a fim de permitir que o adolescente construa sua própria demanda de análise, criando um laço com o analista ao supor que ele conhece a solução para os seus problemas.

São numerosos os jovens que se atrapalham nessa tarefa de formular uma demanda para além da demanda dos pais. Em alguns casos, esse movimento, considerado o *ponto de partida* para a análise de um adolescente, só se torna possível como efeito de um longo trabalho, tornando-se, então, um *ponto de chegada*[1]. Nesse momento da vida, a família "ocupa um lugar ambíguo, ora representando ela mesma o indivíduo para o conjunto social, ora apresentando-se como o círculo menor do qual o indivíduo deve separar-se" (Saggese, 2001, p. 63). Tal ambiguidade se faz notar, muitas vezes, na postura ambivalente do jovem, que se divide entre o ódio e o amor pelos pais, ou entre a urgência de se tornar independente deles e a vontade de continuar sendo cuidado por eles.

Do lado dos familiares também pode haver sofrimento por se encontrarem cada vez mais desprovidos de instrumentos para entender o adolescente. Muitos pais procuram o analista dos filhos afirmando não saber lidar com o período da adolescência. "Não sei mais o que fazer. Do dia para a noite, não sei mais conduzir a relação com a minha filha", desabafou a mãe de uma jovem de 17 anos.

Nos casos dos jovens particularmente resistentes à ideia de se tratar, o investimento transferencial dos pais sobre o profissional que atenderá o filho pode viabilizar o início do tratamento. Para que a análise do adolescente aconteça, entretanto, é indispensável o estabelecimento de um vínculo transferencial do próprio jovem com o analista, vínculo que desempenha a função paradoxal de motor e empecilho à análise (Freud, 1912).

À medida que o trabalho avança, as consequências que o adolescente pode extrair do tratamento nem sempre atendem às expectativas

---

[1] Este assunto é abordado no artigo "Existe uma clínica específica com adolescentes?", da autoria de Edson Saggese, publicado neste mesmo livro. (N. dos Orgs.)

parentais. É frequente que elas provoquem o descontentamento dos pais quando favorecem uma maior autonomia do jovem, eventualmente envolvendo situações de contrariedade e rebeldia. Muitas vezes, é penoso para os pais suportarem a independência do filho depois de terem dedicado tantos anos a um direcionamento da vida dele. Nessas circunstâncias, alguns pais se mostram frustrados ao constatar que o analista do adolescente não compactua com sua demanda, como no caso do jovem Bruno, de 14 anos, cuja mãe protestou: "Essa terapia não está adiantando nada!".

Ainda assim, o fato de os pais responderem pelo filho, na infância, contribui para que o filho construa a possibilidade de responder por si próprio a partir da adolescência. Inicialmente, não é raro que essa possibilidade traga dúvidas para o jovem, como o temor de perder o amor dos pais por tentar assumir uma nova relação com o desejo. Desse modo, um elemento central no percurso analítico de muitos adolescentes é a tensão entre a dificuldade de se separar de seus responsáveis e a exigência de se tornar responsável por si mesmo.

Tendo-se em vista essa situação complexa em que o adolescente se encontra, percebe-se o equívoco inerente à tendência simplista a culpabilizar os pais pelo sofrimento do filho. E também o equívoco inerente à perspectiva de que seria possível "salvá-lo" das influências mórbidas de seus pais inadequados. Para o analista de um adolescente, não se trata de desprezar a demanda parental, nem de desconsiderá-la, e muito menos de fazer uma aliança com o adolescente contra os pais. Por outro lado, a decisão de responder diretamente à demanda dos pais, formando uma aliança com eles, levaria à inviabilização do tratamento, uma vez que constituiria mais um empecilho ao processo de separação que o adolescente precisa empreender. Por esse motivo, muitos profissionais optam por atender os pais somente na presença do adolescente – uma estratégia para acolher a demanda parental e, ao mesmo tempo, oferecer ao jovem a chance de se posicionar diante daquilo que lhe diz respeito.

Essa e outras estratégias obedecem ao preceito de que a demanda parental costuma ser um elemento constitutivo da análise de um adolescente, principalmente no momento de chegada, mas também quando os pais procuram o analista do filho no decorrer do tratamento. Portanto, nem sempre é possível conduzir o tratamento atendendo unicamente o jovem, o que tem relação com a *gravidade* do caso (pois casos considerados mais graves exigem uma participação mais direta dos pais) e com a *idade* do adolescente (pois o modo como um adolescente de 13 anos se submete à fala parental tende a ser diferente do modo como um adolescente de 17 anos o faz).

Por outro lado, há ocasiões em que, no contexto do tratamento do adolescente, um ou ambos os pais formulam questões que extrapolam o limite do que pode ser trabalhado ali. Nessas ocasiões, há que se considerar a opção por um encaminhamento para que a demanda endereçada ao analista do filho possa se desdobrar no vínculo com outro profissional.

Atender o pai? Atender a mãe? Com que frequência? Atendê-los juntos ou separadamente? Encaminhá-los ou atendê-los como parte do trabalho com o jovem? É somente a cada caso e a cada vez que é possível decidir quando e como receber os responsáveis de um adolescente. O desafio desse manejo reside no fato de que não existem fórmulas para sua condução, muito menos garantias de que ela será bem-sucedida. Cada decisão tomada nesse campo tende a produzir efeitos que não podem ser previstos de antemão, pois só se darão a conhecer depois, com o desenrolar do tratamento.

Como manejar a transferência do adolescente?

No momento de chegada, o adolescente pode perceber o analista como alguém que foi indicado por seus pais para tentar ajudar com seus problemas. É preciso ouvir o que o jovem tem a dizer, mesmo que inicialmente ele se mantenha em silêncio. Pela via da escuta, sem compromisso com a obrigação de começar um tratamento, podemos situar o adolescente em sua particularidade como sujeito. "Eu só falo dessas coisas do tráfico, de assassinato, de morte e você fica aí me ouvindo. (*Silêncio.*) Eu só falo disso porque é a única coisa que eu sei falar, porque parei de estudar e quando abro a porta de casa só vejo armas e traficantes... Essa é a minha vida", disse o adolescente Renato.

Na análise com adolescentes, a suposição do analisante de que o analista *saberá* solucionar seus problemas (condição para que haja tratamento) corre o risco de se tornar confusa. Isso porque, muitas vezes, a relação do jovem com os pais ainda é tão intensa que o lugar de *saber* permanece ocupado por eles. Com o decorrer dos atendimentos, pode ser criado um laço com o analista capaz de permitir que o jovem se afaste um pouco dos pais – questionando, inclusive, o medo de perder o amor deles. Nesse período em que é necessário investir numa separação, a iminência de um novo laço pode vir a produzir um dos seguintes resultados extremos: uma intensa ligação ou uma forte resistência em se vincular. Dito de outra maneira, o adolescente pode *estabelecer uma transferência maciça* com o analista ou *ter muita dificuldade de estabelecer qualquer vínculo* com ele.

A posição em que o analisante situa o analista nessa clínica é atravessada pelo fato de o jovem estar às voltas com conflitos que têm consequências para a forma como ele lida com os diferentes adultos à sua volta. Ao se engajar no tratamento, o adolescente pode convidar o analista a encarnar posições *maternais*, *paternais* ou, contrariamente, uma posição de *cúmplice no enfrentamento aos pais e à sociedade*. "Você é minha analista, não pode concordar com que os meus pais estão falando!", protestou, certa vez, uma adolescente. É importante, porém, evitar a armadilha de responder às demandas do jovem, no intuito (enganoso) de estimular que ele se analise. Conforme sublinhou Freud (1915), se as demandas de amor do analisante são retribuídas, isso representa um grande triunfo para ele, mas uma derrota completa para a continuação do tratamento. É tão desastroso para a análise que o anseio do analisante seja satisfeito, quanto que ele seja suprimido. O caminho que o analista deve seguir não é nenhum desses dois. É um caminho para o qual não existem modelos e que dependerá de cada laço transferencial.

Outra posição em que o adolescente pode situar o analista é a de *mestre*, de quem ele demanda respostas verdadeiras sobre suas indagações. "O que tu acha disso?", questiona a jovem Flávia. A exigência de uma lógica por parte do adolescente coloca o analista no lugar de quem, ao escutá-lo, ofereceria a solução certeira para suas questões. "Você sabe me responder, porque você faz parte da ciência", afirmou Renato. A não-resposta do analista não deve ser resumida a um silêncio total, pois este sim poderia situá-lo num lugar fechado de mestre, o detentor do saber. Cabe ao analista se diferenciar dessa posição de *saber absoluto* sem frustrar completamente a *suposição de saber* que institui a transferência.

O que esperar da análise do adolescente?

Impelido a abandonar o lugar de sintoma familiar para passar a responder em nome próprio, o adolescente é convocado a reinventar as relações que mantém com os pais. Frequentemente essa tarefa é atravessada por um caráter de forte agressividade, como uma espécie de combustível para uma possível separação. O adolescente deve deixar cair os pais idealizados da infância e se inserir no universo adulto, com todas as normas e renúncias exigidas para essa inserção. Impõe-se ao sujeito o encargo de remanejar suas identificações infantis, o que se torna claro na tendência à identificação aos pares – grupos de outros, como ele, em busca de uma nova forma de estar no mundo –, assim como na violência com que muitos jovens se voltam contra os pais, a "sociedade", o "sistema", ou qualquer representante dessas instâncias que o desafiam – eventualmente, o analista.

Embora tantos adolescentes manifestem uma aparente urgência em se libertar do controle parental, nota-se que alguns ainda estão fortemente submetidos ao desejo dos pais. Para se exercerem como sujeitos desejantes, precisam se separar minimamente – o que tende a produzir sofrimento, tanto para eles quanto para os pais. "Minha filha está bem. Está voltando a sair com os amigos e até marcou uma viagem nas férias. Acho que agora sou eu que vou precisar de análise. Não estou preparada para esse afastamento", confessou a mãe de uma adolescente à analista da filha.

À semelhança dos pais (nesse ponto específico), o analista também deve aceitar a probabilidade de que um dia seja rejeitado pelo adolescente – uma rejeição que se diferencia daquela esperada de um analisante adulto pelo fato de que o adolescente, desde o início, tende a colocar em jogo o analista como alguém que detém ou não a capacidade de ouvi-lo (Rassial, 1999).

As construções em análise de um adolescente viabilizam a criação de um espaço onde ele possa suportar a solidão decorrente do afastamento dos pais, abrindo um caminho para descobrir e firmar novas ligações. Não obstante, a análise de um adolescente não necessariamente se restringirá a uma espécie de elaboração da adolescência, ainda que essa seja uma questão central em grande parte dos atendimentos. A rigor, a tomada de uma nova posição na relação com a palavra é um desafio para qualquer pessoa que se entregue à experiência analítica – talvez com a ressalva de que, em virtude das peculiaridades do processo de adolescer, esse desafio possa ganhar uma importância especialmente decisiva para um adolescente.

Referências bibliográficas

Freud, S. (1912). A dinâmica da transferência. *Edição standard brasileira das obras psicológicas completas de Sigmund Freud*, v. XII. Rio de Janeiro: Imago, 1969.

Freud, S. (1915). Observações sobre o amor transferencial. *Edição standard brasileira das obras psicológicas completas de Sigmund Freud*, v. XII. Rio de Janeiro: Imago, 1969.

Freud, S. (1937). Análise terminável e interminável. *Edição standard brasileira das obras psicológicas completas de Sigmund Freud*, v. XXIII. Rio de Janeiro: Imago, 1969.

Lacan, J. (1969). Duas notas sobre a criança. *Opção lacaniana*. Revista Brasileira Internacional de Psicanálise, n. 21. São Paulo, abril de 1998.

Melman, C. Os adolescentes estão sempre confrontados ao Minotauro. *Adolescência: entre o passado e o futuro*. Associação Psicanalítica de Porto Alegre. Porto Alegre: Artes e Ofícios, 1987.

Saggese, E. *Adolescência e psicose: transformações sociais e os desafios da clínica*. Rio de Janeiro: Companhia de Freud, 2001.

Saggese, E.; Oliveira, F. H. & Teixeira, S. B. S. *Proadolescer: pesquisa e clínica com adolescentes na rede de saúde mental*. Rio de Janeiro: 7Letras, 2013.

Rassial, J.-J. *O adolescente e o psicanalista*. Rio de Janeiro: Companhia de Freud, 1999.

A prática psiquiátrica na clínica com adolescentes e seus impasses[1]

Marcos Eduardo Abreu Milo

Como pretendo transmitir com este relato sobre minha experiência no município de Niterói (RJ), enquanto médico do CAPSi Monteiro Lobato e do Serviço de Internação de Adolescente e Crianças (SIAC) no Hospital Psiquiátrico de Jurujuba (HPJ), as dificuldades na avaliação de um adolescente são inúmeras, e ainda temos muito o que avançar nessa clínica. Por esse motivo, considero a discussão sobre a clínica com adolescentes numa rede de saúde mental fundamental para trocarmos experiências e, dessa forma, podermos avançar.

Recentemente, os residentes médicos do terceiro ano do programa de residência psiquiátrica da Fundação Municipal de Niterói, assim como os residentes de saúde mental e os estagiários, começaram a fazer sua formação em psiquiatria infanto-juvenil no CAPSi e no SIAC. O contato com eles nos permitiu observar, nesses dois serviços, a importância da troca com outros profissionais, principalmente aqueles ainda em formação. A busca por informações, as indagações, as dúvidas e as observações desses profissionais têm enriquecido muito o nosso traba-

---

1 Trabalho apresentado no seminário *A clínica com adolescentes na rede de saúde mental*, realizado em Niterói, RJ, reunindo profissionais do *Proadolescer* e da rede de saúde mental desse município, em 26 de abril de 2013.

lho. Espero que este pequeno relato desperte a curiosidade por essa clínica, que é tão complexa, mas ao mesmo tempo tão cativante.

A rede de saúde mental de Niterói é reconhecida nacionalmente pelo seu compromisso clínico com seus pacientes, e isso se reflete na transmissão aos vários profissionais, de várias categorias, que procuram essa rede para se formar. E a formação em Niterói se dá através da transmissão do próprio trabalho de acompanhamento dos adolescentes e crianças. Acreditamos que a formação do residente se faz pela observação e participação no trabalho cotidiano. A transmissão se dá pela construção de certa posição no trabalho. Isso é o que consideramos a formação.

As dificuldades nessa prática clínica são inúmeras. Neste artigo, vou apontar os dois principais desafios, segundo minha concepção: a avaliação do adolescente e o trabalho com os seus familiares.

O primeiro desafio é a dificuldade de o próprio adolescente descrever os seus sintomas. Na verdade, ele não sabe o que realmente está acontecendo com ele, ou não tem a capacidade subjetiva de compreendê-lo, então vai expressar seu desconforto por alterações no seu "comportamento". Ele não pode descrever objetivamente o que lhe acontece, pois não entende suas novas experiências. Por exemplo, ele escuta vozes alucinatórias, mas não sabe o que são.

A adolescência é uma fase de instabilidade emocional, de crescimento, com profundas mudanças físicas, no comportamento, na forma de se relacionar com os outros, sem falar no encontro com a sexualidade. Ocorrem muitos questionamentos e ambivalências, podendo confundir o adolescente e os que o cercam quanto aos limites da "normalidade". Então, a família e a escola tendem a entender essas alterações como um comportamento desafiador, normal dessa fase da adolescência, e buscam corrigir isso com medidas pedagógicas e punitivas. Quando o que está em jogo não é apenas uma fase "normal" da adolescência, essas medidas não mostram resultados. Nesses casos, os familiares e a escola buscam atendimento nos serviços de saúde mental. Esse é um ponto que gostaria de salientar: na maioria dos casos, a demanda de atendimento é dos pais ou da escola e não do adolescente. Esse fato, por si só, dificulta ainda mais avaliação.

Quando esse adolescente consegue chegar ao atendimento de saúde mental, nos confrontamos com outras dificuldades. Segundo os dados da literatura internacional (Jackson *et al.*, 2009) e a nossa própria experiência, o tempo entre o aparecimento dos primeiros sintomas e a chegada à saúde mental é de, em média, dois anos. Como o adolescente tem dificuldade de descrever ou entender o que está acontecendo, ele tende a expressar seu sofrimento através de uma alteração no seu comportamento. Ele pode se tornar mais agressivo, irritado ou até mesmo começar a apresentar um comportamento delinquente.

O adolescente que chega a um serviço de saúde mental apresentando um quadro francamente psicótico é a exceção, e não a regra. E, com certeza, em uma avaliação da história do paciente, poderemos identificar alterações sugestivas desse transtorno atual. Ninguém se torna psicótico da noite para o dia, nossa dificuldade é conseguir identificar os sintomas precoces, menos evidentes. Os sintomas mais evidentes de um transtorno psiquiátrico, como alterações do pensamento (delírios, desorganização), da sensopercepção (alucinações) e do humor, tendem a ocorrer mais tardiamente, até mesmo muitos anos após o início do quadro. No entanto, é na presença desses sintomas que todos costumam se basear nas classificações diagnósticas.

As alterações no comportamento que muitas vezes caracterizam esses adolescentes são rapidamente interpretadas pelos próprios psiquiatras como um transtorno de conduta, o que, às vezes, é visto como um sinônimo de transtorno de personalidade ou uma evolução inevitável para esse quadro. Na literatura, estudos demonstram que 70% dos pacientes com diagnóstico de transtorno de conduta na infância e adolescência não apresentam um transtorno de personalidade na fase adulta e vão apresentar outros transtornos na fase adulta, principalmente transtorno de humor e esquizofrenia (Goodman, 2004).

O principal problema dos diagnósticos de transtornos da conduta ou de personalidade é que o médico, frequentemente, estigmatiza esses pacientes, por entender que não existe um tratamento medicamentoso resolutivo nesses casos. Os médicos muitas vezes se frustram pelo fato de esses transtornos não terem uma resposta medicamentosa tão expressiva como outros transtornos – por exemplo, a depressão ou os transtornos ansiosos. Mas não podemos esquecer que, a princípio, um transtorno de conduta pode escamotear uma depressão ou até mesmo uma psicose em fase inicial. E mesmo que se trate de um transtorno de personalidade, existe tratamento para ele.

Por isso costumo dizer que, na psiquiatria da infância e adolescência, nós, profissionais de saúde mental, temos que suportar a espera do diagnóstico, sem nos precipitarmos em criar estigmas ou prognósticos sombrios. É lógico que isso não significa que tomaremos uma posição passiva diante do sofrimento daquele adolescente, e sim que estaremos junto com ele e seus familiares cuidando desse sofrimento, porque, de fato, realmente não sabemos a evolução de uma determinada patologia.

Tivemos pacientes que apresentaram uma primeira internação no SIAC com um quadro francamente psicótico, após um episódio traumático ou uso de substâncias psicoativas, com delírios, alucinações e pensamento desorganizado, e que após a internação e o acompanhamento ambulatorial remitiram completamente esses sintomas e hoje estão trabalhando, casados e com filhos. Em paralelo, também tivemos casos de pacientes que não remitiram o quadro e hoje permanecem em acompanhamento intensivo no CAPSi. Porque, na verdade, não sabemos de fato qual vai ser a evolução dos quadros que se apresentam na adolescência.

Claro que uma internação psiquiátrica é um marco na vida de um adolescente, mas ela tem que ser tratada com cuidado junto aos familiares para não se tornar uma "sentença" para o asilamento e isolamento social.

O segundo desafio que gostaria de apontar neste artigo é o trabalho com os familiares do adolescente. Conforme já comentei, muito frequentemente a demanda de atendimento parte dos pais e não do jovem. E manejar essa situação de uma forma que consigamos fazer um "elo" com o adolescente e seus familiares, respeitando o sigilo dos atendimentos, não é uma tarefa fácil.

Muitas vezes a percepção dos familiares a respeito do adolescente difere bastante da percepção que o próprio adolescente tem de si. Por exemplo, já atendemos adolescentes que chegam ao CAPSi com uma demanda de tratamento por dificuldade de aprendizagem, formulada pelos pais ou pela escola, e que, quando avaliados, deram mostras de estar em pleno surto psicótico, com muitas alucinações auditivas – por esse motivo não conseguiam "se concentrar nas aulas".

Uma vez identificado o sofrimento do adolescente, outra questão surge: como transmitir nossa conclusão aos pais. Informar a eles que se trata de um caso grave, que necessita de cuidados ou até mesmo de uma internação – no caso de um primeiro surto psicótico –, mas, ao mesmo tempo, informar que isso não significa uma "sentença" ou o aprisionamento a um diagnóstico. Sabemos que, apesar de todo o processo da Reforma Psiquiátrica e da diminuição dos estigmas, muitos ainda entendem um diagnóstico psiquiátrico como algo determinante das possibilidades futuras, ou seja, isolamento social e incapacidade laborativa. O relevante é a conduta e o curso do tratamento, o que determinará a evolução do quadro e a possibilidade de um bom ou mau prognóstico.

Referências bibliográficas

Jackson, H. J.; McGorry, P. D. & Allott, K. *O reconhecimento e a gestão de psicose precoce*. Segunda edição. Nova York: Cambridge University Press, 2009.

Goodman, R. *Psiquiatria infantil*. São Paulo: Roca, 2004.

O atendimento ao adolescente numa emergência psiquiátrica[1]

Luciana Timotheo
Dalva Reis Barbosa

Muito já se falou sobre o Serviço de Recepção e Intercorrências (SRI) – a emergência do Hospital Psiquiátrico de Jurujuba (HPJ) –, sua formação de equipe, seus números de atendimentos e suas dificuldades. O que pretendemos agora é apresentar, brevemente, o modo como cuidamos dos acolhimentos e encaminhamentos de crianças e adolescentes nessa emergência. Talvez fosse necessário, então, discorrer um pouco sobre a dinâmica do trabalho que tentamos levar adiante desde a criação do serviço em 1997.

O SRI, como sabemos, é a porta de entrada do município de Niterói para as situações agudas e de alta complexidade. Isso significa que ele deve estar aberto para receber todo e qualquer caso que diga respeito à rede de saúde mental da cidade, sejam casos de adultos, adolescentes ou crianças. O serviço é ligado à rede de cuidados, tendo como função acolher, observar e sustentar, na crise, uma definição de conduta. Para isso recorre, também, tanto às equipes das enfermarias do HPJ, quanto às equipes extra-hospitalares.

---

[1] Trabalho apresentado no seminário *A clínica com adolescentes na rede de saúde mental*, realizado em Niterói, RJ, reunindo profissionais do *Proadolescer* e da rede de saúde mental desse município, em 26 de abril de 2013.

Temos noção de que o tamanho do nosso município e a maneira como nossa rede de atendimentos trabalha e se articula facilitam que possamos cuidar mais de perto dos nossos pacientes. Porém sabemos também que nada disso garante a direção de um trabalho se não nos debruçarmos e se não nos empenharmos diante de cada situação que nos chega. Quando afirmamos isso nos referimos a uma equipe técnica que se responsabiliza por cada um que nos chega, que cuida para que a função do SRI vá além dos primeiros cuidados, fazendo dali não somente um lugar de apoio para quando tudo à volta do sujeito está despencado, mas também como um lugar que se ofereça como mais um no contexto do seu tratamento.

Sempre consideramos essencial refazermos contato com quem nos encaminha a urgência, conversar sobre o que nos pede, sobre em que acredita que uma ida ao SRI possa ajudar ao paciente. Os serviços de referência nos orientam para possibilidades outras que não necessariamente uma internação numa enfermaria específica. Em alguns casos, intervenções pontuais, um período de observação ou mesmo um pernoite conosco podem ter efeitos para determinados pacientes.

Pensando na clínica com adolescentes, temos como direção primeira tornar o SRI um lugar acolhedor e protetor para esses jovens. Um lugar onde se tenha a preocupação com a marca que uma internação psiquiátrica pode ter na vida de um sujeito, principalmente em se tratando de crianças ou adolescentes – tendo em vista que eles chegam em momentos disruptivos num espaço com pacientes em sua maioria adultos e graves (agitados, agressivos), o que o torna, a princípio, um setor desfavorável para recebê-los.

A maior parte dos adultos que recebemos já passou por algum serviço ou tratamento psiquiátrico prévio, seja particular ou na rede pública. Quando já está inserido na rede, podemos contar com o serviço de referência, com o próprio paciente (que nos aponta para sua história) e com seus familiares (que lidam diariamente com tal sofrimento) para nos ajudarem na avaliação e condução do caso.

Os adolescentes, porém, costumam ser apresentados à doença mental por nós, quando chegam à emergência. Dessa forma, como receber e acolher esse estranhamento do mundo, esses sintomas que ninguém entende, a discriminação? E os familiares, que até então tinham filhos, sobrinhos, irmãos sem nenhum problema aparente?

Por outro lado, há também os jovens que já estão sendo tratados e que, em algum momento, chegam à emergência. Como podemos recebê-los sem fazer com que a internação psiquiátrica seja a única possibilidade?

Tentaremos responder a essas perguntas através de fragmentos de dois casos clínicos e, a partir deles, suscitar outras questões que nos ajudarão a pensar esses acolhimentos.

Junior tem 17 anos e se trata no Centro de Atenção Psicossocial Infanto-juvenil (CAPSi) Monteiro Lobato há oito. O paciente conta com um suporte familiar precário e com poucos recursos para estar na vida. Faz uso de drogas e apresenta recorrentes episódios de auto e heteroagressividade.

Até 2012, Junior teve algumas internações na enfermaria infanto-juvenil do HPJ (o Serviço de Internação para Adolescentes e Crianças – SIAC). Sempre chegava em situações graves, nas quais se colocava em risco, havendo inclusive tentado o suicídio. Ele permanecia dias na rua para que, em algum momento, conseguisse chegar à emergência, culminando sempre em uma internação na enfermaria. Após conversas com o CAPSi e com o SIAC, nos questionamos sobre essa necessidade de toda chegada do Junior se tornar uma internação. O que estava acontecendo para que um menino de 17 anos tivesse tantas passagens por uma enfermaria psiquiátrica de agudos? Não seria o momento de apostarmos em outras alternativas? Pensamos no que o levava tanto ao hospital. Qual era o pedido que ele nos fazia? Ele pouco podia dizer, mas algo era claro: quando a rua e/ou sua casa o convocavam a determinadas coisas, só a agressividade e os atos tinham lugar. Localizamos também que a proximidade do fim de semana e dos feriados o trazia mais até nós. O que coincidia com os dias em que seu local de tratamento estava fechado. Dessa forma, optamos por disponibilizar a emergência como mais um lugar de referência que o acolheria para uma observação quando o CAPSi não estivesse aberto, ou quando todas as possibilidades que o sustentavam na vida já estivessem esgotadas.

Hoje, Junior consegue chegar sozinho ou pedir que o tragam até nós. Não voltou a ser internado no SIAC desde setembro de 2012.

Em um atendimento, ele nos diz: "É, doutora, não está fácil, preciso ficar aqui. Pedi até para me amarrarem, o nervoso está muito forte, queria dar um soco no vidro para ver se melhorava". Pedimos que ele fale um pouco desse nervoso e, ao ser minimamente convocado por nós, responde: "É, só me internando mesmo, não tem jeito. Vou para o SIAC". Nessa fala, percebemos que os recursos de Junior são muito limitados e que somos nós que possibilitamos, através do nosso desejo e dos nossos recursos, que ele se mantenha na vida. Então, retornamos para ele todo o percurso que, junto a nós, ele conseguiu construir. Suas internações no SIAC – onde pode "parar para pensar" e, a partir daí, cuidar disso que vinha apenas em forma de "nervoso e soco" –, seu tratamento no CAPSi, seus pedidos de ajuda, e esse outro local que pode acolhê-lo pontualmente nos momentos mais duros. Agora existem outras possibilidades além de uma internação, uma vez que Junior já percorreu um longo caminho em seu tratamento. Dessa forma, sustentamos a sua permanência conosco na emergência. No dia seguinte, veio o pedido pela alta e o pedido para ir ao CAPSi.

Ainda que sem muitas palavras, algo que se dá na nossa relação lhe possibilita seguir e, quando necessário, pedir ajuda antes que aconteça a crise, na qual só os atos têm lugar. É importante ressaltar que não excluímos o local da internação. Porém ampliamos o suporte e as possibilidades disponíveis para Junior na rede de saúde mental.

Bernardo também é um adolescente de 17 anos que chega pela primeira vez a um serviço de saúde mental nessa mesma idade. Vem trazido pelo SAMU, contido e bastante confuso. Segundo Maria, sua mãe, há nove dias Bernardo se apresenta inquieto, insone, falando coisas desconexas – nomes de traficantes e pessoas falecidas –, dizendo que a mãe tem algo a lhe revelar, que ele é profeta e que querem matá-lo no morro, o que, segundo a mãe, não procede. Maria apenas localiza como mudanças uns desentendimentos com a namorada e um emprego em que não conseguiu permanecer. Após investigarmos mais a fundo, colhemos que Bernardo responde, desde os 14 anos, a uma medida socioeducativa por um suposto estupro a uma namorada.

Muitas questões se colocaram para nós ao recebermos esse caso. Seria um jovem usuário de drogas, intoxicado? Seria um jovem apavorado por estar sendo ameaçado, uma vez que estava respondendo a um processo? Será que, após um evento traumático, ele havia entrado num processo dissociativo? Ou será que estava de fato abrindo um surto psicótico e todos esses dados seriam delirantes? Optamos, então, por recebê-lo simplesmente. Sem traçar conduta, acelerar alta ou internação, sem nos deixar agir apenas pelas urgências que o serviço nos coloca.

Bernardo ficou em observação no SRI por dez dias, sendo visto por um psiquiatra e um psicólogo diariamente. Por ser diarista, o psicólogo pôde acompanhá-lo por todo o período em que lá esteve. Essa permanência não transcorreu sem dificuldades. Foi necessário um intenso trabalho com a equipe da emergência no sentido de sustentar a importância de ele se manter conosco, uma vez que ainda não era um caso conhecido por nós ou pela rede. Nos primeiros dias, ele se mantém agitado, confuso, tem que ser contido no leito, sem que possamos colher muitas informações. Nossas conversas se dão mais com sua mãe, que não conseguia entender o que estava acontecendo. "Ele sempre foi um menino normal, nunca teve nada, estudava, trabalhava", ela nos diz. Nesses momentos, acolhíamos a angústia e, ao mesmo tempo, dividíamos as dúvidas e incertezas. Ainda não era possível traçar um diagnóstico, ele pouco nos falava. Com o passar dos dias, com nossa aproximação e insistência em estar com ele mesmo na agitação, na cuspida da medicação e nas agressões, Bernardo passa a poder nomear melhor essas novas sensações e dividir conosco o que ainda não estava sendo possível ser colocado em palavras até então.

"Estão falando que eu sou estuprador. Tinha nove pessoas. Como vou estuprar alguém com nove pessoas?". "Tudo começou quando meu irmão morreu com um tiro na garganta. O Juliano da igrejinha que matou, achando que ele tinha matado outra pessoa. Desde então eu fiquei maluco". "São várias vozes que falam várias coisas no meu ouvido. Que eu vou morrer. Que vou sair daqui. Que não vou sair. Uma confusão".

Transcrevemos essas frases – que puderam ser ditas por Bernardo, nos atendimentos ou na convivência, após o quarto dia de observação – para dar a dimensão do quanto ele estava invadido e de como foi importante estarmos disponíveis para acolher e dar lugar a uma realidade que ele desconhecia e que, a princípio, nos causou tantas questões. Ressaltamos que essas palavras foram possíveis em meio a muita agitação e desorganização, de modo que ainda o mantivemos por mais seis dias na emergência, visando uma maior contenção da agitação e uma maior organização disso que estava insustentável.

Assim, recebemos e demos lugar à doença de Bernardo, podendo, com mais clareza e consistência, transmitir o caso para um serviço especializado, o SIAC, possibilitando que Bernardo fosse cuidado e desse continuidade a um tratamento que o ajudasse a estar na vida.

Temos pensado muito em como uma emergência psiquiátrica aberta, que é referência para as urgências de um município, pode sustentar um trabalho cuidadoso que não se limite a receber e encaminhar os jovens que chegam até nós. O SRI tem apostado em ser mais um lugar de referência para esses casos, com a flexibilidade que cada um nos exige. Seja para receber pontualmente o Junior, ou para estar com o Bernardo por mais tempo que o usual, a fim de não nos precipitarmos em nenhuma conduta. Achamos importante participar ativamente da rede como um lugar que acolhe, que evita internações repetidas (o que, muitas vezes, banaliza o efeito das internações) e que cuida para que as internações aconteçam nos lugares apropriados a cada caso, sem respondermos apenas às exigências que as urgências nos colocam.

Para que serve uma internação psiquiátrica com adolescentes?[1]

Raquel Corrêa de Oliveira[2]

Este texto foi originalmente escrito para o Seminário que marcou a conclusão da pesquisa que o *Proadolescer* conduziu durante três anos na rede de saúde mental de Niterói. Minha proposta, nesse contexto, é discorrer sobre a experiência de trabalho numa enfermaria de internação psiquiátrica para adolescentes.

Um pouco de história para quem não esteve conosco desde o início. A abertura da rede de saúde mental do município para o atendimento a crianças e adolescentes iniciou-se em 2004. Mas, efetivamente, a tomada em mãos dessa clientela foi construída pouco a pouco e foi sendo feita com os pés, no passo a passo do trabalho cotidiano. A determinação inicial da Coordenação de Saúde Mental foi a abertura de um CAPSi. Porém, naquele momento, já tínhamos a intuição de que um serviço sozinho não faria frente à demanda, reprimida e muito heterogênea, de cuidados para essa população que até então permanecera invisível. O

---

1 Trabalho apresentado no seminário *A clínica com adolescentes na rede de saúde mental*, realizado em Niterói, RJ, reunindo profissionais do *Proadolescer* e da rede de saúde mental deste município, em 26 de abril de 2013.

2 Coordenadora do Serviço de Internação de Adolescentes e Crianças do Hospital Psiquiátrico de Jurujuba (SIAC/HPJ) entre 2007 e 2013.

desafio era criar condições para que uma rede de assistência pudesse vir a acontecer num trabalho junto aos dispositivos que já existiam, por exemplo a emergência do Hospital Psiquiátrico de Jurujuba (HPJ) e os ambulatórios. Ainda que as diretrizes apontadas pela gestão nos seus três níveis (municipal, estadual e federal) fossem balizas conhecidas por nós, o caminho que trilhamos foi se construindo a cada demanda de tratamento que recebíamos e a partir da direção e sustentação do Programa de Saúde Mental para Crianças e Adolescentes de Niterói, que também foi se fazendo e refazendo ao longo dos anos. O primeiro tempo em que contamos com a emergência do hospital e com a recepção nos ambulatórios foi fundamental para constatarmos a importância de um serviço que pudesse acolher de forma mais intensiva situações muito complexas, para as quais os atendimentos pontuais na emergência ou semanais nos ambulatórios não podiam oferecer o suporte necessário. Foi de dentro dessa realidade que o CAPSi tornou-se necessário e efetivou-se.

A proposta de abertura de leitos psiquiátricos para os adolescentes também veio de dentro do próprio trabalho clínico. O Serviço de Internação de Crianças e Adolescentes do Hospital Psiquiátrico de Jurujuba (SIAC/HPJ) foi inaugurado em 2007. Surgiu da necessidade de oferecer um lugar de acolhimento para as situações em que as famílias e os serviços extra-hospitalares encontravam um limite nos cuidados com o adolescente, seja a partir do desencadeamento de uma psicose, da agudização de um quadro clínico já em tratamento, de uma desorganização inespecífica a ser investigada, de episódios de agressividade nos quadros de autismo, entre outros. Antes de existir o SIAC, os adolescentes que precisavam de internação eram transferidos para a enfermaria infanto-juvenil do Hospital Nise da Silveira, no Rio de Janeiro, o que dificultava muito o acompanhamento tanto pelos familiares como pelos serviços de referência.

O SIAC está localizado no Hospital Psiquiátrico de Jurujuba. O fato de a enfermaria ser dentro dos muros de um hospital dá, de fato, uma sensação de contenção para os momentos de desorganização subjetiva.

Mas os muros por si sós não dizem nada do trabalho clínico necessário durante uma internação, apesar do efeito de contorno que produzem. Falar da contenção real oferecida pelo muro é diferente de positivar o hospital como manicômio. Consideramos a internação um ato clínico que se dá num momento específico e está articulado a uma proposta de tratamento para aqueles que já estão inseridos na rede, ou a uma oportunidade de serem inseridos na rede para os que estão chegando pela primeira vez.

Para que serve uma internação psiquiátrica com adolescentes? Qual a sua função? São perguntas que só podem ser respondidas a cada vez e num tempo *só depois* de cada internação. Ainda assim, são questões que nos colocamos a cada novo adolescente que chega. Em nossas reuniões de equipe, trabalhamos em torno de outras questões que nos orientam em relação ao trabalho durante cada internação: quem está indicando a internação? Em função de que a indicação se colocou? A proposta é de uma observação ou de uma internação? E no momento da alta nos interrogamos para que serviu, para esse adolescente específico, essa internação nesse momento? Qual foi o trabalho durante a internação e que elementos recolhidos devem ser transmitidos para o serviço que dará continuidade ao tratamento?

A internação produz um corte, uma descontinuidade em relação a algo que não vai bem, que está na iminência de rompimento, ou que está intenso demais. Seja no convívio com a família, nas instituições de assistência social ou até mesmo nos próprios serviços de tratamento. Percebemos como pode ser violento tentar sustentar uma não internação, forçando o sujeito a manter-se num nível de sofrimento intenso em casa em função de nossos fantasmas em torno da internação. Da convicção de que a internação é uma violência com o adolescente. No entanto, diante de situações tão graves que recebemos, podemos nos interrogar sobre o que de fato pode ser violento para um adolescente.

É sempre bom lembrar que não estamos falando de uma internação compulsória, muito em moda hoje em dia, especialmente para os usuários de crack. As internações psiquiátricas que recebemos no SIAC são construídas junto aos serviços que atendem o adolescente, incluindo também a participação dos familiares e responsáveis.

A enfermaria tem se revelado como um lugar de acolhimento para situações-limites. Essas situações-limites não estão necessariamente associadas a um diagnóstico específico, nem a uma crise psiquiátrica franca, até porque na infância e na adolescência os quadros psiquiátricos são muito difíceis de serem identificados. Na maioria dos casos não há, ou ainda não conseguimos reconhecer, o que chamamos de sintomatologia produtiva (alucinação auditiva, construção delirante...), como ocorre na clínica com psicóticos adultos. O que há é uma impossibilidade ou grandes dificuldades em fazer ou manter vínculos sociais (família, escola, amigos...); episódios de passagem ao ato, quando o sujeito se coloca em todo tipo de risco; crises de auto e heteroagressividade; uma circulação por vários dispositivos de tratamento, sem continuidade; enfim, o que a princípio costuma aparecer como uma inadequação social aos poucos se revela como algo muito mais complexo e grave.

O que tentamos oferecer é um lugar que dê contorno para momentos de sofrimento intenso desses adolescentes. Isso que dá acolhida na internação se deve ao fato de a enfermaria oferecer um lugar de proteção em relação às exigências ou injunções às quais eles não estão conseguindo responder. Um dos adolescentes nos disse: "Quando estou em crise, só de chegar ao hospital já fico mais calmo". E o que faz efeito parece ser tanto os muros do hospital quanto o fato de que há uma aposta na palavra, mesmo nos momentos de crise.

A forma de nos aproximarmos de cada adolescente é sempre muito singular. Para alguns, isso se dá a partir da conversa no consultório; para outros, é pela oficina de culinária; para outros ainda, é pelo trabalho da musicoterapia; ou mesmo pelos passeios no pátio. Mas a aposta é sempre a mesma: só há acolhimento se eles se sentem acolhidos, e isso só se dá quando tiver sido possível se vincularem a alguém a quem possam se endereçar e em quem possam confiar durante sua permanência.

Em relação à duração da internação, é nossa direção dar o tempo necessário para aparecer o que estava encrencado, para conhecer melhor o sofrimento do adolescente e os impedimentos familiares, mas sem perder de vista a necessidade de criar estratégias e construir recursos subjetivos e objetivos para o enfrentamento das dificuldades cotidianas. Isso não tem a ver com um tempo objetivo.

Recentemente, a mãe de um menino que estava internado conosco, que nos revelou ter como ponto de honra na vida se virar sozinha, nunca pedir ajuda para nada, nunca precisar de ninguém, nos perguntou se poderíamos ficar com Felipe por mais alguns dias na enfermaria, apesar de ele estar em condições de receber alta, para acabar de construir um muro na sua casa. Um de seus grandes problemas com o filho autista era o de que ele ou permanecia trancado dentro de casa ou fugia para a rua. Não havia um local onde ele pudesse estar protegido, perto dela. Durante a passagem dele pela enfermaria, ela, que inicialmente havia resistido muito à ideia da internação, falou da surpresa em ver como seu filho ficou bem lá conosco. Como ele circulava alegremente, interagia bem com os técnicos e tinha desenvolvido muito sua comunicação, limitada por um problema auditivo, a mãe considerou que o fato de ele estar num lugar "que era cercado" o deixou mais tranquilo. Em função disso, ela começou a construir um muro em torno de sua casa para que, quando ele voltasse da internação, tivesse nesse quintal um maior espaço de circulação, sem precisar ir sempre para a rua. Achava que assim ele iria conseguir ficar mais em casa, sem ter que fugir.

O pedido dessa mãe nos pareceu muito interessante. Não só porque ela pôde finalmente se permitir pedir e aceitar ajuda, mas também porque, nos contornos da enfermaria, ela pôde perceber o quão frágeis eram os limites que ela própria conseguia sustentar com o filho.

Esse exemplo demonstra como a questão do tempo da internação tem relação com a situação real com que estamos lidando. Trata-se de outro tempo, não um tempo pré-estipulado burocraticamente, mas um tempo singular, que diz respeito a cada situação clínica. Recebemos na enfermaria situações que, pela evolução do próprio trabalho, exigem um tempo de observação, que pode durar apenas alguns dias e não necessariamente se desdobrar numa internação. E outras situações que pedem um tempo maior para que o trabalho com o adolescente ou com a família avance, no sentido de tentar deslocar algo nisso que não vai bem. Deslocar algo para os jovens e também para suas famílias, oferecendo um lugar protegido, para que algum trabalho com a palavra possa vir a acontecer nesses momentos-limites.

Carla teve sua primeira internação no SIAC aos 14 anos. Atualmente, está com quase 17 anos e, quando não está bem, é ela mesma quem faz o movimento de procurar a nossa equipe na enfermaria. Ela frequenta regulamente o CAPSi e a escola, tem mãe, pai e irmãs. Apesar disso, o contexto familiar é muito conturbado, cada um deles apresentando muitas dificuldades em ocupar seu lugar. O casal parental é separado, o pai é ausente do cotidiano dos filhos, a mãe tenta sozinha dar conta das filhas e dos netos. O que deixa Carla mal sempre tem a ver com alguma situação em que a mãe precisa se afastar dela para cuidar de algum membro da família ou resolver outros assuntos. Carla é a filha preferida da mãe. Isso se deu desde a gravidez, quando a mãe teve sífilis, o que a deixou numa posição de dívida em relação à filha. Em função disso, ela desenvolveu uma ligação muito intensa com Carla, uma relação de interdependência, difícil de ser flexibilizada. Aonde uma vai, a outra vai atrás. Se, por alguma razão, a mãe precisa deixá-la sob os cuidados de outra pessoa, ambas entram num estado de angústia muito intenso, que tem como efeito na mãe criar muita confusão por onde passa (hospitais, bancos, conselho tutelar). Já Carla é lançada num vazio profundo que a faz começar a ouvir vozes que lhe mandam se matar, se atirar na frente dos carros, enforcar a irmã. Ela conta que nesses momentos também fica perdida, não sabe onde está e algumas vezes vê uma mulher de vermelho que não sabe se é de verdade ou se é a *pomba gira*. É quando ela diz que começa a entrar em crise. Muitas vezes, ela consegue melhorar no próprio CAPSi, onde se trata há muitos anos. Mas outras vezes os atendimentos e as oficinas não são suficientes para a intensidade do que vive. É quando nos procura pedindo internação. A enfermaria veio se constituindo para Carla e para sua mãe como um lugar ao qual podem recorrer quando a relação fica muito esgarçada. Assim, tem sido possível para elas, no contexto das internações de Carla, suportarem ficar separadas por algumas horas, às vezes pelo intervalo de alguns dias. Houve uma vez em que Carla passou apenas um fim de semana em observação na enfermaria, e esses dois dias foram suficientes para ela se reorganizar, dizendo que o que estava precisando era "dar um tempo da mãe que a deixa maluca".

Para dar notícias do momento atual que vivemos na enfermaria, um dado vem nos chamando atenção. Os adolescentes psicóticos que já conhecemos andam meio sumidos. Ou seja, temos tido poucas reinternações. Nossa hipótese é que o CAPSi e os ambulatórios estão acolhendo e cada vez mais conseguindo cuidar das crises dos adolescentes que já estão em tratamento. Em contrapartida, em 2012, recebemos cinco casos de primeira vez. Não apenas primeira vez na enfermaria, mas primeira vez na rede de saúde mental. Um elemento que nos chamou atenção foi que, em todos eles, o que causou a crise que os levou à emergência foi a experiência com drogas. Mas, no contexto da internação, o que apareceu para nós, em relação a todos eles, não tinha nada a ver com a questão do uso da droga. Estamos acompanhando cada um deles através dos serviços de tratamento extra-hospitalares, e as notícias que temos confirmam o que começou a aparecer na internação: a vivência de um funcionamento psicótico até então desconhecido pelas famílias.

Outra novidade para nós é que adolescentes autistas estão chegando à enfermaria. Em 2012 foram três casos, o que nos indica que eles estão chegando também aos serviços extra-hospitalares, já que o acolhimento desses quadros na rede de saúde mental tem favorecido a construção da indicação e chegada para a internação. E agora que estão chegando os autistas? Novos desafios se colocam. Não temos um modelo pronto de como atendê-los. Também deles precisamos nos aproximar para avaliar qual pode ser a função da internação.

Matias tem 13 anos e chegou para internação no início desse ano de 2013. Desde os nove, a mãe faz tentativas de levá-lo para o tratamento no CAPSi. Eles moram longe e ela não tem ajuda dos familiares nos cuidados com o filho. Quando chegaram para internação, após um longo ano de trabalho construindo essa possibilidade junto à equipe do CAPSi, a situação estava muito difícil. A mãe, muito irritada, gritava com ele a todo instante, puxando-o de um lado para o outro. Ele reagia com tapas, mordidas e beliscões. O trabalho de aproximação da nossa equipe foi o de assumir os cuidados com ele em relação à alimentação, higiene e lazer, apostando em falar com ele e pedindo que falasse conosco. O que queria, o que não queria, o que o incomodava. Aos poucos Matias foi aparecendo. Um adolescente que gostava de brincar, de jogar futebol, de assistir ao DVD da Galinha Pintadinha, de tocar instrumentos na musicoterapia, de dançar no baile do hospital, de tomar banho de mangueira. Paralelamente, com sua mãe, ouvíamos as dificuldades que ela encontrava em cuidar dele e da filha mais nova, do cansaço pelo trabalho noturno como faxineira no *shopping*. Ela falava de como Matias vivia preso dentro de casa, já que moravam numa comunidade muito violenta, e que não pedia ajuda das irmãs por achar que a responsabilidade em relação aos filhos era exclusivamente sua. Desde que o pai de Matias morreu, não permitia que nenhum de seus pretendentes se aproximasse dos filhos para não se envolverem demais com sua vida. Com o passar dos dias, Matias foi surpreendendo a equipe, e também a sua mãe, com uma ampliação abrupta de seu vocabulário e com uma diminuição dos episódios de agressividade. Quanto mais usava as palavras, menos precisava bater para se comunicar. A presença regular da sua psicóloga do CAPSi durante esse mês que durou a internação foi muito importante. Ela esteve próxima do trabalho desde o início, participando conosco na enfermaria de algumas entrevistas com a mãe, na convivência com Matias e construindo junto com a equipe do SIAC toda a preparação para a alta.

Temos percebido que alguma coisa acontece no contexto da internação, nesse contato diário, a partir da oferta de uma escuta sobre o que não vai bem lá fora, que favorece que tanto os adolescentes como os familiares consigam nos endereçar coisas que não apareciam antes, ou se apareciam não ganhavam contorno.

Além do trabalho com o adolescente e com seus responsáveis, a forma como pensamos a internação inclui necessariamente dois níveis de articulação. Um interno, entre a própria equipe do SIAC, que inclui uma atenção particular com a equipe de enfermagem. Consideramos muito importante a construção da direção de cada caso nas reuniões de equipe. Também a equipe de enfermagem, que fica com os adolescentes e com os familiares quando a equipe técnica não está na enfermaria, precisa estar próxima, conseguindo acompanhar, junto com os profissionais que estão tratando do caso, qual a direção do trabalho que estamos sustentando com cada adolescente e seus responsáveis. Os técnicos de enfermagem não estão ali apenas para cumprir a rotina do dia-a-dia. Eles também são convidados a trabalhar junto com a equipe, intervindo na convivência com o adolescente.

E há também um nível de articulação externa, com a equipe do serviço que é responsável ou que virá a ser responsável pelo tratamento do adolescente. A direção de cada internação precisa ser pensada de maneira compartilhada. Temos percebido que, se estamos conseguindo pensar nossa função em cada caso, a presença do CAPSi e dos ambulatórios na enfermaria constitui uma parceria muito fértil. Isso não é uma questão simples. Depende de muita disponibilidade para compartilhar o trabalho. Não estamos falando apenas de visitas aos pacientes internados, mas da possibilidade de os profissionais virem a fazer um trabalho junto e conjunto com a equipe da enfermaria, construindo e sustentando uma mesma direção para o caso. Isso só se realiza na aposta dessa construção compartilhada, o que requer, além de muita confiança nos profissionais das outras equipes, também muito esforço de organização dos serviços para viabilizar essa necessidade.

Uma internação, e mais ainda uma internação psiquiátrica, é algo muito radical, tanto para os adolescentes como para seus familiares.

Assim, o lugar que damos à internação psiquiátrica na rede de saúde mental de Niterói tem sido um lugar de cuidados dentro de uma rede de cuidados. É um tempo do tratamento que precisa estar articulado – antes, durante e depois – com os serviços extra-hospitalares. Não é uma intervenção que se esgota no contexto único da enfermaria.

Notas sobre o trabalho de atendimento aos adolescentes em ambulatórios[1]

Marisa Cytryn Solberg

O que é receber um adolescente em um ambulatório de saúde mental localizado dentro do hospital psiquiátrico de referência de uma cidade? Quais são as especificidades do atendimento a esses pacientes e as dificuldades que encontramos para sustentar esse trabalho?

As questões acima se (re)colocaram a partir do convite do *Proadolescer* para discorrermos sobre o que fazemos quando recebemos esses jovens pacientes no ambulatório do Hospital Psiquiátrico de Jurujuba (HPJ).

Em primeiro lugar, importa dizer que esse não é um trabalho que acontece de forma isolada. A reunião mensal de referências, composta pela coordenação do Programa de Atenção em Saúde Mental para Infância e Adolescência (exercida pelo CAPSi Monteiro Lobato) e pelos técnicos de referência de atendimento a crianças e adolescentes de cada ambulatório, é, por excelência, o espaço de endereçamento das questões que aparecem no dia-a-dia desse exercício. Temos a oportunidade de

1 Trabalho apresentado no seminário *A clínica com adolescentes na rede de saúde mental*, realizado em Niterói, RJ, reunindo profissionais do *Proadolescer* e da rede de saúde mental desse município, em 26 de abril de 2013.

tocar nos desafios que encontramos para sustentar esse trabalho dentro e fora do ambulatório e cuidar da sua transmissão dentro das equipes.

Dentre os desafios que encontramos, destaco uma que retorna: dar lugar ao atendimento e à discussão de casos de adolescentes em um ambulatório que atende primordialmente casos de psicose em uma população adulta. Quando iniciei esse trabalho de referência, raros eram os técnicos (psicólogos e médicos) que se disponibilizavam a receber adolescentes. A pouca experiência com essa clientela inibia-os de tomar esses pacientes em mãos.

Foi um esforço trazer para discussão nas reuniões de equipe os casos de adolescentes que chegavam para acolhimento e recepção. Lembro que surgiam perguntas como: por que atender no ambulatório de Jurujuba um adolescente com problemas para ir à escola? Será que esse é um caso para este ambulatório? Será que o adolescente e sua família não vão ficar assustados de esperar junto com pacientes psicóticos para serem atendidos? Constatamos que, na maioria dos casos, a resistência está mais do nosso lado do que do lado do adolescente, pois raramente isso aparece como questão na fala deles.

Se no início designavam todos os casos de adolescentes para a minha recepção, aos poucos, e isso eu não sei muito bem como aconteceu, os outros técnicos foram se disponibilizando a recebê-los. Talvez porque começamos a falar mais dos casos, a fazer circular as dificuldades que aparecem e a necessidade de dividi-las com a equipe, apostando que todos possam se responsabilizar institucionalmente por esses atendimentos. O esforço de falar na reunião sobre os casos que chegavam foi de início impulsionado pela presença das psicólogas do *Proadolescer* que faziam o trabalho de recepção conosco.

A discussão sobre o atendimento ou a recepção de um adolescente também acontece nos corredores do ambulatório, entre um atendimento e outro. O efeito dessa primeira discussão informal pode, na melhor das hipóteses, apontar para a necessidade de se discutir o caso na reunião de equipe.

Em função do grande número de novos pacientes que chegam diariamente ao ambulatório, e com a preocupação de cuidar do modo como cada um chega, foi criada pela coordenação uma reunião extra, privilegiando a discussão dos casos de recepção e acolhimento. Acredito que esse espaço de trabalho tenha nos ajudado a trazer os embaraços que aparecem na recepção de adolescentes.

O efeito desse cuidado tem sido o aparecimento de questões sobre a direção desses casos: receber ou não um adolescente quando o pai se recusa a vir ou a concordar com o atendimento de seu filho? Como fazer para que um pai traga seu filho para atendimento quando ele nos diz que o filho está envolvido com o tráfico e se recusa a vir ao ambulatório?

A clínica com adolescentes exige que estejamos abertos/dispostos a fazer rede, a fazer vínculo tanto com os outros serviços da rede de saúde mental como com as instâncias intersetoriais. Isso não está dado e não há garantias de que possa acontecer. Trata-se de um investimento permanente nos laços de trabalho. A cada caso que chega, essa rede terá que ser refeita, repensada, reinventada.

Recebemos um adolescente de 17 anos que chega depois de uma tentativa de suicídio. Ele vem encaminhado pela escola, que nota seu isolamento em relação aos colegas, pelo Serviço de Recepção e Intercorrências (SRI, a emergência do HPJ), que o recebe após sua tentativa de suicídio, e pela família, que vem pedir ajuda ao ambulatório. Esse jovem chega muito calado, na companhia dos pais. Após quatro meses de trabalho com a presença dos pais, ele pôde, aos poucos, tomar a palavra, discordar deles em alguns pontos e começar a se perguntar sobre sua posição, sobre seu isolamento e sobre a tentativa de suicídio. Somente a partir disso foi possível a ele ocupar lugar no atendimento e passar a ser recebido sozinho.

Esse caso aponta para duas especificidades do trabalho com adolescentes: a necessidade da construção de uma rede, como foi articulada junto à escola e ao SRI, e a importância de se incluir a família no atendimento, uma vez que é raro um adolescente chegar ao ambulatório pedindo ajuda em nome próprio. Ele geralmente chega para atendimento pela palavra de um adulto que percebe que algo não vai bem.

Às vezes é necessário receber a mãe/o pai/um responsável até que o adolescente possa chegar ao serviço. Essa é mais uma especificidade desses atendimentos e pode ser tomada como uma direção de trabalho na condução desses casos.

Pouco tempo atrás, recebemos um encaminhamento do Conselho Tutelar. Era o caso de um adolescente que estava flertando com a delinquência, se envolvendo em situações de perigo. A mãe vem com o encaminhamento por escrito, mas o filho se recusa a comparecer com ela ao ambulatório. Ao discutirmos o caso na reunião de equipe, falamos sobre a importância de recebermos a mãe, mesmo sem a presença do filho. Destacamos a necessidade de fazer contato com o Conselho Tutelar para discutir o caso, comunicar que a mãe havia chegado e que estava sendo recebida. Acreditamos que faz diferença incluir no momento de chegada a instância que encaminhou o caso. Tomamos como direção de trabalho a possibilidade de receber a mãe mesmo na ausência (da presença) do filho, apostando que isso possa ter consequências relevantes para ela e para ele.

Se hoje o ambulatório está mais aberto para receber pacientes adolescentes, ainda temos dificuldade em priorizar a discussão desses casos. Como foi dito, a coordenação do ambulatório criou um espaço de discussão sobre pacientes em recepção, e isso ajudou a equipe a trazer de forma mais efetiva os casos que chegam e os entraves que aparecem, mas ainda é raro trazermos, num segundo momento, os entraves que surgem de dentro do atendimento.

Há alguns meses, tivemos a oportunidade de abrir na reunião de equipe um espaço dedicado à supervisão. Ainda é difícil priorizar casos de adolescentes na supervisão, uma vez que temos tantos casos graves de adultos psicóticos que ocupam e preocupam toda a equipe. Porém, certo dia, uma residente de psiquiatria veio falar comigo, entre um atendimento e outro, sobre o caso de um adolescente que a preocupava. É um rapaz de 17 anos, que está em atendimento nesse ambulatório e frequenta a Associação Pestalozzi de Niterói há mais de um ano. Entretanto, o vínculo com a Pestalozzi está temporariamente rompido e isso gerou complicações tanto para o adolescente quanto para seu pai, que não sabia o que fazer com o filho, pois este estava mais impulsivo/agressivo e começava a colocar questões sobre o sexual. Nem mesmo a medicação ele estava conseguindo administrar ao filho. Falamos um pouco sobre o caso. Disse a ela que seria importante levar o seu impasse e a sua preocupação com esse adolescente (e seu pai) para a supervisão. Ela concordou. Com isso, tivemos a oportunidade de discutir o caso de um adolescente a partir das dificuldades que atravessavam a médica que o atendia.

Ouvi, certa vez, que a rede de que a gente tanto fala começa aí, na possibilidade de compartilhar com o outro algo da nossa dificuldade, não para nos livrarmos do problema, mas levando em conta que há uma responsabilidade de quem fala, e também de quem escuta, quando se discute um caso.

A clínica com adolescentes na Policlínica Comunitária Doutor Sérgio Arouca[1]

Sonia Beatriz Sodré Teixeira
Simone Alves

O atendimento de crianças e adolescentes é realizado nos ambulatórios de saúde mental do município de Niterói há dez anos. O que antes só acontecia por iniciativa pessoal, de um ou outro profissional interessado no acompanhamento desse público, passa a ser uma responsabilidade dos serviços em 2004. Desde então, muitas são as iniciativas propostas pela Coordenação de Saúde Mental, e mais especificamente pelo Programa de Atenção em Saúde Mental para Infância e Adolescência de Niterói, no sentido de construir possibilidades de sustentar um trabalho clínico consistente com essa clientela dentro de ambulatórios que outrora se dedicavam apenas aos pacientes adultos.

A partir desse percurso, podemos afirmar que o atendimento de crianças e adolescentes impõe constantes desafios aos ambulatórios. Como lidar com a clientela infanto-juvenil num ambulatório de maioria esmagadora de pacientes adultos? Como tratar dessa clientela sem lhe conferir uma importância menor diante da gravidade dos casos de adul-

[1] Trabalho apresentado no seminário *A clínica com adolescentes na rede de saúde mental*, realizado em Niterói, RJ, reunindo profissionais do *Proadolescer* e da rede de saúde mental desse município, em 26 de abril de 2013.

tos que chegam ao serviço? Como absorver crianças e adolescentes em suas especificidades (tais como a demanda familiar, a ausência inicial de desejo do próprio jovem em se tratar, ou a presença dos pais como interlocutores principais)? Como acolher a família sem que isso se torne um impedimento na construção de um vínculo com o adolescente, garantindo que ambos os lados - adolescente e familiares - tenham um espaço de escuta?

A parceria entre o ambulatório de saúde mental da Policlínica Comunitária Doutor Sérgio Arouca (PCDSA) e o *Proadolescer* permitiu um avanço nessas questões. Houve o compromisso de dedicar uma reunião mensal da equipe do ambulatório à discussão de casos de adolescentes, além da participação de uma profissional do *Proadolescer* na equipe de recepção mensal de novos pacientes durante o ano de 2011. Nesse contexto, identificamos a necessidade de buscar uma nova maneira de abordar os familiares dos adolescentes recebidos.

Este trabalho, apresentado através de vinhetas de casos atendidos em recepção, ressalta diversos aspectos envolvidos no acolhimento dos familiares de adolescentes no ambulatório e levanta reflexões sobre os desdobramentos possíveis quando um olhar para a família está presente desde o início.

Caso 1: Marcos, 17 anos, foi encaminhado por um neurologista que o acompanha desde os 12 anos e trazido ao ambulatório por sua mãe. Ele tem o diagnóstico de esquizofrenia, usa regularmente um antipsicótico, mas começou a recusar tal medicação. A avó materna paga uma mesada ao neto para que ele tome o remédio. Nas reflexões sobre o caso, foi possível questionar o diagnóstico de esquizofrenia, pensar sobre a difícil posição de Marcos numa família constituída apenas por mulheres e sobre a armadilha do dinheiro oferecido, já que esse acordo o confirma no lugar de "doente". Receber o adolescente apostando na sua possibilidade de construção de novas posições dentro e fora do circuito familiar exigia que se incluísse também um olhar e um acompanhamento a sua família. Nesse contexto, direcionamos o caso para o acompanhamento médico do adolescente com o objetivo de reavaliação do uso do antipsicótico e, paralelamente, para o acompanhamento psicoterápico da mãe, que não podia conceber a possibilidade de o filho interromper a medicação.

Caso 2: Mãe traz, em reunião de recepção, a situação de extrema agressividade do filho Cláudio, de 12 anos, após a morte de seu irmão mais velho, Lúcio, de 17 anos, assassinado por traficantes na porta de sua casa um ano atrás. Cláudio quer ser como o irmão: usar suas roupas, falar como ele, andar com seus amigos. A mãe não sabe o que fazer e teme que acabe perdendo também esse filho, por isso quer trazê-lo para tratamento individual no ambulatório. A mãe é separada do pai de Cláudio, vive com os filhos e trabalha como diarista. Na comunidade onde moram, todos esperam que ele "vire bandido" e reclamam de seu comportamento – sempre em grupo, fabricando bombinhas e assustando os moradores. Diante do relato inicial, foi oferecido a esta família, e não só a Cláudio, um espaço conjunto de escuta sobre as dificuldades vivenciadas. Eles compareceram a cinco encontros, nos quais alguns temas foram trabalhados: a fragilidade da figura materna e a ausência de uma posição de autoridade; a dependência da mãe com relação a sua família de origem e submissão total aos mandatos da avó materna, de quem todos dependem financeiramente; e o que representou, para cada um, a morte de Lúcio. Ao final desses encontros, que sempre aconteceram com a presença da mãe e seus três filhos, houve avaliação e reflexão sobre a experiência, e a demanda de atendimento a Cláudio não foi mais trazida, uma vez que o peso dos problemas, anteriormente centralizado nele, pôde ser redistribuído também entre os outros membros da família.

Caso 3: Breno, 11 anos, filho único, apresenta muitas dificuldades na escola, tendo repetido uma série no ano passado. Sofre de crises de choro e depressão pela morte dos avós maternos, com os quais moravam ele e sua mãe, nas enchentes de 2010. Breno tem pesadelos, sente falta de ar, não quer falar sobre os avós e às vezes diz que quer morrer. Foi oferecido à mãe, inicialmente, um lugar diferenciado de escuta, tendo em vista a necessidade de se conhecer esse drama familiar que os afetava profundamente. A mãe, bastante jovem, era dependente dos pais. Na noite da enchente, ao perceber o desabamento da casa, conseguiu se salvar, levando o filho nas costas até um local seguro. Ela quer "virar essa página", "esquecer o que aconteceu", "não falar do assunto". Percebemos o quanto estava paralisada e também como isso afetava Breno. Em três encontros, porém, ela conseguiu falar sobre a perda dos pais, da casa, de seus pertences e, principalmente, a perda de suas referências. Falou sobre luto e ausência, sobre vida e morte. Ao final dos encontros, disse estar mais fortalecida e disposta a enfrentar seus desafios, independente do que fosse oferecido como tratamento ao filho. Mostrou-se disponível e interessada em conversar com Breno sobre essas questões.

Caso 4: Maria tem 14 anos. Sua mãe conta que ela mudou de comportamento, tem oscilações de humor, tranca-se no banheiro, distanciou-se da família, não quer ir à igreja e nem escutar músicas religiosas. Maria se queixa de que não tem amigas, reclama que é "mais negra do que suas primas", já cortou roupas da mãe em momentos de raiva e fala que não sabe "por que veio ao mundo". A mãe se diz perdida, não entende o que está acontecendo com sua filha. A equipe concluiu que ambas precisavam ser ouvidas. Oferecemos um espaço individual para Maria e também um momento de encontro das duas com um profissional. Nessas ocasiões, a mãe trouxe seus medos com relação ao crescimento da filha, motivo pelo qual controla seus telefonemas e quer saber o que ela conversa com os amigos da escola. Muitas vezes se envolve nas questões da jovem, desejando resolver os problemas por ela. Nascida e educada na roça (ou seja, numa outra cultura), a mãe só foi conhecer uma cidade grande aos 25 anos de idade. Diz não ter tido nem infância, nem juventude. Maria não conhecia a história da mãe e pareceu muito interessada e curiosa sobre esse relato, experimentando assim uma aproximação com a mãe. A comunicação entre as duas se tornou menos distante e cerimoniosa, mais espontânea, e nesse contexto a filha pôde dizer que não mais queria frequentar a igreja. Algo novo estava acontecendo na relação entre elas, o que certamente abriria portas para outras mudanças.

Nas quatro vinhetas apresentadas, podemos perceber, de imediato, uma nova forma de acolher a demanda de tratamento para um adolescente: foi preciso deixar em suspenso a queixa inicial, ouvir mais os familiares, abrir o leque e contextualizar o pedido de ajuda até que tivéssemos mais clareza sobre o que estava acontecendo não só com o adolescente mas também em suas relações familiares. Trazer a família para perto de nós, inseri-la na construção de uma demanda de tratamento, oferecer diferentes possibilidades de enquadre – ouvir todos juntos, ouvir só os pais, ouvir mãe e filha –, como aconteceu nos casos acima, mostra uma perspectiva que situa a família como um campo prioritário quando se trata de adolescentes. Os exemplos citados apontam para um trabalho que deu seus primeiros passos, e se, por um lado, possibilitou a resolução de algumas situações sem que um tratamento individual fosse constituído, por outro aproximou os profissionais de um novo tipo de abordagem, qual seja, uma abordagem da família não como informante da história do filho, mas como uma unidade a ser ouvida e tratada.

Cabe lembrar que nossa tendência como profissionais de saúde mental é a individualização de cada caso, o que nos dificulta a visão do que está para além do indivíduo. Isso quer dizer que, se recebemos um adolescente com um olhar dirigido somente a ele, acabamos produzindo uma direção individualizada e padronizada de tratamento. Se abrimos o leque para seu contexto, ampliamos as possibilidades de intervenção, produzindo um trabalho com efeitos clínicos e esvaziando algumas demandas dirigidas ao ambulatório.

Uma outra questão diz respeito ao entendimento necessário aos profissionais que atendem adolescentes sobre o que se passa, em geral, na família, nessa etapa do desenvolvimento juvenil. Sabemos o quanto a adolescência marca um momento de questionamentos e rupturas com a ideologia familiar na busca de caminhos próprios, o que impõe novos arranjos à dinâmica familiar. Isso significa que o adolescente mexe e põe em xeque a estabilidade dos pais ou adultos responsáveis por ele, testando sua capacidade de administrar mudanças e serem flexíveis. No

Caso 4, por exemplo, ficou claro para as terapeutas que a mãe de Maria estava se debatendo também com suas próprias dificuldades, vivendo o crescimento da filha como algo muito ameaçador.

As famílias nos convocam a um incessante repensar, e muitas vezes precisamos resistir ao impulso de subestimar suas possibilidades. Elas chegam aos serviços com uma reduzida crença em sua capacidade de colaboração e correm o risco de serem vistas – por si mesmas ou pelos técnicos – mais como um obstáculo do que como um recurso no tratamento do adolescente. Não sermos reativos aos movimentos, à desorganização e à patologia da família e não encará-la como adversária nossa ou do próprio adolescente são desafios imensos que temos pela frente.

Sempre é útil pensar que somos como antropólogos que, ao se inserirem numa cultura diferente da deles – no nosso caso, a cultura familiar –, colocam-se como observadores cautelosos e humildes.

Do ponto de vista das famílias, é interessante observar como elas chegam nesse primeiro contato:

- com o foco no filho, e somente nele, sem levar em conta outras dimensões presentes;
- com uma visão estreita de sua realidade e funcionamento;
- com ações que tendem a manter a dificuldade vigente.

Por exemplo, no **Caso 3**, do adolescente que perdeu os avós, a mãe tinha muita dificuldade de lidar com a realidade da morte e suas repercussões emocionais, de tal forma que o impedimento de se falar sobre isso trouxe mais angústia para ela e o filho. Por sua vez, no **Caso 1**, a família não tinha condições de enxergar Marcos como um não esquizofrênico, e as ações de seus membros eram todas no sentido de reafirmar o diagnóstico inicial.

Também podemos perceber que as famílias nos chegam com um forte acento na negatividade, na impotência, no descrédito frente aos filhos, usando a linguagem da deficiência e a tônica naquilo que não funciona. De certa forma, é isso que elas acreditam que queremos ouvir, já que estão dentro de um ambulatório de saúde mental. Romper com essa lógica representa o início de um trabalho com as famílias que pressupõe, dentre outras coisas, o oferecimento de um espaço de escuta e acolhimento, a oportunidade de transformar o sofrimento em fala e a possibilidade de ampliar a visão das dificuldades, construindo um contexto de inter-relacionamentos, desatando os nós que impedem o movimento e o crescimento familiar.

Essa experiência de trabalho num ambulatório da rede pública de Niterói nos mostrou que o atendimento da família paralelo ao acolhimento do adolescente assegura maiores possibilidades de continuidade do caso por envolver aqueles que são referências para o jovem. Se a família fica de fora, ou se não se pode contar com ela, certamente as dificuldades serão maiores. Por isso, uma das primeiras questões levantadas pelo profissional é com quem pode contar, entre as pessoas da família, para efetivar o atendimento.

Por fim, cabe ressaltar que o trabalho relatado aqui expressa o esforço de uma equipe em se reposicionar diante da recepção e acompanhamento do adolescente no serviço, incluindo de forma mais ativa seus familiares no processo de admissão. Esse esforço não é fácil e precisa continuamente se renovar. Não há como entender esse tipo de trabalho como dado, garantido. A clínica com adolescentes continua a nos desafiar. Assim, acreditamos que essa direção de trabalho com a família, construída em parceria com o *Proadolescer*, pode ser também produtiva e replicada em outros ambulatórios públicos de saúde mental.

Artistas e arteiros: oficinas terapêuticas com adolescentes[1]

Marcela Weck[2]

As oficinas terapêuticas no Centro de Atenção Psicossocial Infanto-juvenil (CAPSi) Monteiro Lobato, em Niterói, são um importante espelho do modo como entendemos e encaminhamos o tratamento de nossa clientela nesse serviço. Recebemos diariamente dezenas de meninos e meninas que necessitam de um acompanhamento intensivo. Trata-se de casos graves e situações complexas que se apresentam das mais variadas formas, mas que em sua maioria possuem em comum a dificuldade na sustentação de laços sociais, como a permanência em espaços como a escola e muitas vezes a própria casa onde vivem, bem como uma circulação errante pela cidade e um modo de estar na vida à deriva – sintomas de que algo não vai bem e de que necessitam de um acolhimento multidisciplinar.

Assim eles chegam ao CAPSi todos os dias. Enquanto esperam na recepção para serem acolhidos por seus técnicos de referência, é pos-

---

1 Trabalho apresentado no seminário *A clínica com adolescentes na rede de saúde mental*, realizado em Niterói, RJ, reunindo profissionais do *Proadolescer* e da rede de saúde mental desse município, em 26 de abril de 2013.

2 Psicóloga e oficineira do CAPSi Monteiro Lobato entre 2009 e 2013.

sível avistarem a sala de oficinas. Do outro lado, eu avisto seus olhares compridos e curiosos em relação às cores e sons que produzimos nesse espaço. É dali que diariamente ouço uma voz conhecida vinda do portão gritando: "Não vai me receber não, Marcela? Vim pra oficina!".

Foi assim que, há cerca de três anos, percebi Patrícia, então com 16, manifestar pela primeira vez um interesse nesse espaço. Lá da recepção, ela pôde observar a transformação de garrafas de plástico em folhas de uma árvore de natal e pedir a sua psicóloga para participar da oficina de artes. Foi apresentada a mim e, aos poucos, fomos fazendo algumas experiências juntas. Ela começou pintando algumas folhas daquela mesma árvore, até que pudesse fazer trabalhos mais autorais. Passou a trazer vários materiais reciclados, especialmente caixas de leite, que transformava em caixas de presente através de uma técnica que dizia ter aprendido com a mãe. Adaptamos sua técnica para uma escala maior e decoramos uma grande caixa de papelão que armazenou por alguns meses as fraldas do seu filho, que naquele momento já estava bem próximo de nascer.

Patrícia produzia e guardava os materiais reciclados que trazia na sala de oficinas. De fato, esse é o espaço do CAPSi onde é guardada toda a sorte de materiais utilizados nas atividades e os trabalhos em processo de confecção. É lá também que realizamos nossas oficinas, que acontecem em dias e horários previamente estabelecidos (e também, com certa frequência, em dias e horários imprevistos) e contam com a participação de pacientes inscritos (e também, com certa frequência, daqueles que não estão inscritos, mas são momentaneamente capturados pela atividade).

A sala de oficinas ocupa lugar central e arejado no CAPSi. Não possui portas nem janelas, tornando quase tudo o que se passa ali acessível aos que estão ao redor e vice-versa. É um espaço aberto, devassado e, portanto, com potencial de comunicação com outros espaços do serviço. Tal condição, que à primeira vista pode ser entendida como desvantagem, na verdade se colocou a serviço de uma forma de trabalhar que toma as oficinas em todo o seu dinamismo e fluidez.

No CAPSi Monteiro Lobato, as oficinas nascem e ganham contorno – ou seja, nome, dia e hora para acontecer – a partir dos encontros que se dão no que chamamos de convivência, onde cotidianamente travamos conversas aparentemente triviais com os pacientes. Tomamos essa convivência como um espaço de possibilidades onde encontros podem acontecer e vínculos podem se estabelecer. Vivemos o desafio de empreender uma clínica que está a todo momento referida ao que se passa no encontro, exigindo de nós tanto a abertura para ver, ouvir e sentir o que se passa nesse encontro, quanto a habilidade para nomear essas experiências, oferecendo local de ancoragem para esses pacientes.

Ao longo dos anos, viemos nomeando oficinas a partir dessas conversas. Jorge tinha um tio que pintava camisas para vender; Patrícia aprendeu a fazer cachecóis em um abrigo, João era aprendiz de sapateiro; Manoel costumava fazer cafifas[3] em casa. A partir do resgate dessas histórias de vida, de conversas sobre essas experiências e da identificação de interesses que puderam ser ouvidos e encaminhados como pedidos, demos início a atividades que envolviam pintura à mão livre de camisas, confecção de cachecóis trançados a partir do suporte de latas de leite em pó, pequenos consertos em sapatos e confecção de todo o tipo de cafifas.

A criação de cada uma dessas oficinas obedeceu a uma direção de trabalho que toma o paciente como ponto de partida para a relevância da atividade e para o estabelecimento de suas condições de funcionamento, questões que se constroem no dia-a-dia do tratamento e que, portanto, se distanciam de um olhar burocratizado sobre o cuidado.

A partir dessa perspectiva, é possível compreender a variedade de arranjos observada no desenvolvimento e na sustentação das oficinas no CAPSi. Há temas que dizem respeito a uma trajetória muito particular de vida, como é o caso do cachecol para a Patrícia e da sapataria para

[3] Cafifa, também conhecida como pipa, é o termo utilizado por crianças e jovens niteroienses para se referirem a este brinquedo popular.

o João. Ambas as oficinas foram constituídas por apenas um paciente e duraram o tempo necessário para desenvolver o trabalho que nos pareceu importante encaminhar com cada um deles naquele momento.

As oficinas de pintura de camisas e de cafifa, ao contrário, permanecem ativas até hoje, tendo inclusive sofrido modificações em seu formato original. A pintura de camisas, por exemplo, envolveu muitos adolescentes que vinham trazendo em seu discurso o tema do trabalho e da geração de renda, formando um grupo de cerca de dez pacientes nessa oficina. O tempo e o trabalho de incluir semelhanças e diferenças nessa convivência organizada em torno de um mesmo fazer abriu espaço para novos interesses. A pintura de camisas se ampliou para a pintura de tapetes, bolsas e panos de prato, os quais seguem sendo produzidos e, em grande parte, comercializados dentro e fora do CAPSi, como em congressos, datas comemorativas e outros eventos das redes de saúde mental de Niterói e do Rio de Janeiro.

A oficina de cafifas, por sua vez, alçou novos voos para os gramados do campus da Universidade Federal Fluminense (UFF), localizado no entorno do CAPSi. Desde sua criação, essa oficina conta com a participação ativa dos meninos em sua sustentação, já que aqui são eles os detentores de um saber: quais são os tipos de cafifas, seus nomes, formatos e funções; como fazer cada uma delas; como soltá-las. Um saber-fazer que se mostra potente, capaz de tecer verdadeiros laços com o social – afinal, partiu dos próprios pacientes a ideia e o pedido de organizarmos festivais de cafifa, eventos em que cafifeiros se reúnem em um determinado espaço aberto para soltarem suas cafifas juntos, mostrando suas habilidades tanto no que diz respeito à estética quando à aerodinâmica. Com a parceria do Instituto de Educação Física da UFF, já organizamos dois desses festivais, que não só contaram com a participação de muitos dos nossos pacientes, mas também com os alunos da UFF, possibilitando uma nova e rica experiência de interação.

Toda a variedade de experiências que emerge a partir do esforço envolvido na criação e sustentação das atividades relatadas evidencia o caráter clínico desse trabalho, o que, às vezes, pode não parecer tão óbvio diante da grande produtividade das oficinas e das nossas experiências de comercialização dos produtos. Refiro-me à compreensão da oficina como um lugar de tratamento onde uma determinada atividade artística assume para cada paciente uma importância e um sentido diretamente vinculados a sua experiência particular na vida, ou seja, sua forma de se relacionar, de circular, de se apresentar e sua possibilidade ou não de compartilhar essa atividade.

Nas oficinas desenvolvidas no CAPSi, o fazer merece destaque, mas não é necessariamente um fim em si mesmo. Esse fazer vem sendo investido e sustentado por nós, uma decisão que tem nos dado pistas sobre uma possibilidade de contato com os pacientes. Um contato menos maciço e invasivo para eles, que emerge sob a forma de uma produção e tem o material como mediador ou até mesmo como produto final. É através dessa produção que alguns adolescentes têm exercitado sua capacidade de executar e têm vivido a experiência de fazerem circular no mundo produtos que materializam um pouco deles mesmos e podem de fato ser úteis para as pessoas.

Compartilhar um fazer, por sua vez, a um só tempo desafia e possibilita a permanência desses pacientes em uma oficina, bem como a permanência da oficina como espaço importante para esses pacientes. Temos acompanhado a construção de alguns laços possíveis, intermediados pelo fazer. Temos testemunhado novas interações entre técnicos e pacientes e entre os próprios pacientes.

Certo dia, os adolescentes Rodrigo e Fábio passaram a manhã inteira numa circulação intensa por todo o serviço, sempre andando muito unidos – um tipo de união que causava muito incômodo na equipe, uma vez que parecia impossibilitar a aproximação de um terceiro e uma comunicação efetiva com eles. Quando chegaram à oficina de cafifa, nossa primeira reação foi a de tentar separá-los, da qual recuamos tão logo percebemos que precisaríamos acolher tal condição sob o risco de nenhum dos dois suportar permanecer na atividade. Para verdadeiramente incluí-los na atividade da maneira que eles podiam participar naquele momento foi determinante nossa decisão de levar a sério a percepção de que havia uma cola que os unia que não era passível de confrontação.

Assim, nosso foco inicial no desconforto de vê-los colados se deslocou para a oportunidade de ajudá-los a realizarem a atividade de confeccionar uma cafifa juntos. Com a ajuda de um técnico, dividiram a tarefa de acordo com suas habilidades: enquanto um deles escolheu fazer a armação da cafifa, o outro aceitou encapá-la. A experiência de serem potencializados naquilo que dominam e de poderem contar com a contribuição do outro justamente no ponto onde apresentavam dificuldade possibilitou uma vivência diferente da cola que parecia apenas transformá-los em sombra um para o outro. Ou seja, o intermédio de um fazer acompanhado por um profissional disponível e interessado possibilitou a vivência de uma parceria e a sensação de realização por parte desses pacientes, que fizeram questão de tirar fotos e de mostrar para as pessoas sua obra compartilhada.

Do nosso lado, também foi possível entender que é parte do nosso trabalho suportar uma boa dose de mal-estar para que algo diferente possa aparecer. Frequentemente nos vemos desafiados a reconhecer e respeitar isso mesmo que nos causa tanta estranheza e agonia, e os efeitos têm nos mostrado que pode haver justamente aí uma brecha nesse árduo trabalho.

Nossa experiência também tem apontado para a percepção de que nosso trabalho com essa clientela exige uma atenção diferenciada. A permanência de cada paciente em uma determinada atividade está diretamente relacionada ao vínculo que ele mantém com o profissional que nela se faz presente. Uma produção em si só se estabelece porque existe um fazer do qual os profissionais são mediadores e o qual eles ajudam a manter. Sua presença ou ausência durante a atividade tem consequências imediatas na possibilidade de o paciente sustentar esse trabalho. Assim, cada profissional que se empresta a essa função se torna referência para o modo como determinada atividade vai tomar lugar para cada paciente.

Refiro-me a uma presença que garante a cada paciente um contorno, um continente. Roberta é uma adolescente de 18 anos que possui muitas habilidades artísticas, mas também uma vulnerabilidade impressionante, capaz de provocar uma forte oscilação num mesmo dia, às vezes num mesmo turno, entre um estado psíquico organizado e uma desorganização completa. Quando invadida por vozes e imagens assustadoras, quase não é possível reconhecer a adolescente doce, habilidosa e interessada que participa das oficinas. É com certa frequência que testemunhamos a relevância do trabalho manual na reorganização dessa adolescente após um momento de crise no CAPSi.

De fato, foi a própria Roberta quem nos mostrou a força do lugar que a produção, notadamente o trabalho do mosaico, ocupa para ela como recurso terapêutico. Certa vez, perguntou se era possível levar para casa um produto inacabado junto com as ferramentas e outros materiais necessários para sua confecção. Explicou que fazer esse trabalho em casa poderia ajudá-la a ficar bem. Foi então que nos percebemos divididos, pois havia tanto a vontade de apostar em sua própria percepção de que essa é uma atividade organizadora para ela, quanto o incômodo de pensar em uma menina com um quadro psíquico grave levando para casa materiais como cacos de azulejo e alicates. E foi optando por embarcar na aposta que fizemos uma primeira experiência, depois outra, e mais outra. E assim, temos visto aparecer nela a possibilidade de se beneficiar dessa atividade também fora do espaço da oficina e de se responsabilizar pelo material e cumprir um combinado feito em conjunto, o que tem fluído muito bem e a cada vez prova ter sido uma decisão acertada. Seguimos acompanhando essa nova etapa da sua produção, em que ela vem construindo, de caquinho em caquinho, uma ponte entre o CAPSi e o mundo lá fora.

Enquanto isso, observamos Márcio na direção oposta. Esse adolescente de 18 anos traz em sua história o abuso de drogas, a moradia na rua e problemas com a justiça. No CAPSi, teve o mosaico como a primeira forma de aproximação com uma linguagem artística, mas não gostou da atividade, o que provavelmente teve relação com o fato de que ele foi convidado a dar continuidade a uma peça de mosaico inacabada por outra pessoa que havia encerrado o tratamento no serviço. Largou a peça e também a frequência ao tratamento, permanecendo afastado por semanas. Retornou com uma grande intensidade de permanência no serviço, o que envolveu sua participação em muitas oficinas. Dessa vez, Márcio nos surpreendeu com a retomada daquela mesma peça, rompendo com o padrão iniciado por outra pessoa, tornando o trabalho definitivamente seu e desvelando uma maneira bem particular de produzir. Logo começou um novo projeto, também muito pessoal: um campo de futebol de mosaico, inspirado na oficina de futebol da qual participa no CAPSi.

Foi quando ouviu de uma visitante o seguinte comentário: "Seu trabalho está muito bom, parabéns!". Na sequência, Márcio começou a usar novos nomes para seu processo de produção. Convocou a ajuda da equipe, passou a chamar o estagiário de "funcionário" e a dizer que seu "serviço" estava "a todo vapor". Trabalhou muito e rápido, até terminar a peça. Paralelamente, Márcio vinha falando sobre a possibilidade de começar a trabalhar numa obra de construção civil, o que parecia bem encaminhado, mas acabou não se efetivando. Esse breve recorte exemplifica o efeito inesperado de uma intervenção incidental, bem como nos dá pistas sobre o que, para Márcio, parece ser o desafio de chegar a um serviço com todo seu tortuoso percurso de vida até aqui, mas de alguma forma amparado pela oportunidade de contar com um fazer criativo para facilitar essa chegada e sua permanência.

Tão variadas quanto as formas que esses pacientes apresentam de vivenciar o processo produtivo são as formas como eles se relacionam com o produto final. E não são poucos os produtos que semanalmente resultam desse processo. Para muitos, tem sido possível a experiência de venderem seus produtos. Para outros, importa mais saber o que as pessoas vão dizer sobre suas obras. Alguns, no entanto, apresentam bastante dificuldade de se distanciarem do produto e não é viável vendê-lo ou sequer deixá-lo no serviço.

Com tantos elementos em jogo, não podemos dizer que há homogeneidade nas experiências relatadas. Não há *um* modo de produção ao qual podemos fazer referência. Estamos falando de um trabalho que é altamente individualizado, ainda que realizado em torno de um fazer comum. Esse é um ponto muito importante do nosso papel: precisamos estar constantemente atentos à maneira muito particular como cada sujeito vivencia a atividade, experimenta os materiais e consegue se expressar. Vivemos uma tensão permanente entre acolher a especificidade de cada um, buscando garantir seu lugar na atividade, e estimulá-los a perceberem e incluírem a presença do outro e suportarem a experiência do coletivo.

As vivências relatadas são registros de um trabalho que se dá a cada vez, a cada dia que recebemos cada paciente. Sabemos da importância de um bom *timing* e da necessidade de sermos nós a ajudá-los a estabelecer uma linha de continuidade entre as experiências cotidianas do tratamento, respeitando o tempo e a particularidade de cada um. Há algo que se mantém no tempo, que parece ser justamente a possibilidade do encontro genuíno com esses meninos, o que, por sua vez, tem a ver com a nossa presença e a disponibilidade de nos lançarmos no trabalho a cada vez que tomamos para nós a responsabilidade por ele e por suas consequências.

Quero encerrar este texto falando do privilégio de testemunhar esses percursos, os nossos e os dos nossos pacientes. Quero falar do prazer em presenciar cada olhar de surpresa diante da própria produção, cada desabafo feito entre a colagem de um e outro caco de azulejo, cada gargalhada que escapa de dentro dos coloridos potes de tinta. Acredito muito nas oficinas como lugar de potência no tratamento e na vida desses adolescentes, das quais as dificuldades não estão excluídas, mas nas quais também, e principalmente, pode emergir uma nova possibilidade de estar no mundo. Uma possibilidade muitas vezes inesperada por eles, por seus familiares e até mesmo por nós. É dessa forma que esse trabalho vem permitindo reconhecer o que há de criativo e de único em cada um. E de belo.

Loucura e marginalidade: impasses da clínica na rede de saúde mental[1]

Isabela X. Ferreira de Sá
Raquel Corrêa de Oliveira[2]

Quando estávamos debruçadas no caso clínico que nos colocou as questões tratadas neste artigo, deparamo-nos com a notícia de que o crescimento no número de crianças e adolescentes apreendidos no país foi mais de duas vezes superior ao de prisões de adultos. Esse levantamento foi feito com os dados estatísticos do ano de 2012, pelo qual se verificou um aumento crescente de apreensões dessa população. No Brasil, essas crianças e adolescentes são liberados depois do registro de seus atos infracionais ou são enviados a instituições de reabilitação social, que, geralmente, depois do tempo previsto de internação, devolvem-nos às condições de vida que tinham até então.

---

1 Trabalho apresentado no *I Simpósio Brasil/Moçambique de Saúde Mental de Adolescentes*, realizado em Maputo, reunindo profissionais do *Proadolescer* e da Associação de Psicologia de Moçambique, de 29 a 31 de maio de 2013.

2 Isabela de Sá é supervisora do CAPS que recebeu Renato em um município do Estado do Rio de Janeiro e Raquel Oliveira, na ocasião dos relatos deste artigo, era coordenadora da enfermaria que recebe adolescentes para internação no hospital psiquiátrico desse município, enfermaria onde trabalhou como supervisora desde 2013. Foi nessas funções que acompanharam o caso de que tratamos aqui. Contamos com a colaboração fundamental e generosa da Dra. Vanessa Gomes e de Letícia Rapp Carneiro, a quem agradecemos.

O retrato que temos desses jovens detidos e sem perspectivas de futuro é de total abandono. Oriundos de lares desfeitos ou mesmo nunca construídos, sofrem muitas vezes de violência doméstica e, quando passam a vagar ou morar nas ruas, eles permanecem na deriva em que se encontram desde cedo, sem lugar na família e no social. São tão segregados que mal conseguem se comunicar. Por que falar se não há quem ouvir? A matéria revela ainda que a maioria deles diz não ter pai e confessa manter algum vício.

Vamos tratar aqui da situação clínica de um jovem a quem chamaremos de Renato, que nos remete a essa grave realidade que vemos crescer no Brasil, pela qual se pode ver produzindo-se não só a delinquência, mas, quem sabe, a psicose. Isso deve ser motivo de nossa reflexão, uma vez que coloca para nós a necessidade de inventar e de fazer operar no funcionamento da rede de saúde mental um dispositivo de tratamento para pacientes que, nessa condição, não têm a possibilidade de serem acolhidos e tratados. Se a loucura está fora do laço social, ela é por ele, em alguma medida, reconhecida, estabelecida e tratada. Mas quando a delinquência ou a criminalidade não é um ato pontual de loucura, e sim a condição de vida de um psicótico, não sabemos o que fazer. Tentamos, antes, definir se ele é louco ou delinquente. Um ou outro.

Ao nos responsabilizamos pelo tratamento de algumas dessas pessoas nos serviços de saúde mental, partimos dos dispositivos que temos para tratá-las, embora saibamos que o funcionamento institucional de antemão não contempla esses jovens. Sua vida destituída os faz, eles mesmos, se expulsarem das instituições. Pois se eles são os excluídos dos excluídos, se entre os loucos são também bandidos, duplicam a falta de lugar que a loucura já determina. Todo acolhimento é precário porque, em geral, é determinado ou pela loucura ou pela delinquência como polos excludentes em si mesmos, como se só pudéssemos tratar da loucura sem a delinquência. Portanto, é uma clínica a se inventar e na qual encontramos nosso fracasso, seja social, seja clínico.

Encontramo-nos aí com nossos limites. Tanto aqueles limites que advêm dos impasses de cada profissional de saúde mental com seu fazer clínico, quanto aqueles que advêm do impossível colocado por essa realidade de que estamos tratando, na qual seria de um otimismo desmedido acreditar numa solução que interrompesse definitivamente o funcionamento disruptivo e à margem da lei desses pacientes. Dessa forma, poderíamos dizer que não há o que fazer. Bem, essa não é nossa posição e não foi a de quem se ocupou de tratar de Renato. Logo, é preciso enfrentar a questão.

O que temos da experiência com esse paciente são recortes, momentos, intervenções que vez ou outra possibilitam um apaziguamento, que permitem um endereçamento, um pedido, e que outras vezes simplesmente não operam e nem produzem acolhimento. Surpreende-nos o fato de que algo que operava até o dia anterior de repente não opere mais, o que circunscrevia um lugar para a fala no momento seguinte não o faz mais. É sempre por um triz, no fio da navalha. As soluções encontradas frequentemente nos escapam e nos voltamos ao trabalho recolocando tudo em causa, tentando encontrar a direção. Vemo-nos, muitas vezes, diante da pura errância a que esse jovem está submetido sem conseguir interrompê-la.

Renato é um rapaz de 22 anos, em tratamento há mais de dois anos em um CAPS. Seu tratamento se iniciou na infância, em um CAPSi, quando ainda era difícil estabelecer um diagnóstico. Filho de dois usuários de drogas, nasceu quando sua mãe tinha 15 anos de idade, não tendo ela podido, por suas próprias dificuldades, ocupar o lugar de mãe. Foi a avó materna que o tomou sob seus cuidados. Do pai Renato não tem rememorações. Segundo os relatos da mãe, ele é um traficante de drogas.

Quando a mãe engravidou, o pai tinha apenas 17 anos. Ela tomou remédios para abortá-lo e em algumas ocasiões disse isso a Renato, o que o deixa com a convicção de nunca ter sido desejado. Ele se pergunta: "Por que ela nunca gostou de mim?". Desse modo ou de outro, constantemente nos deu o testemunho de não ter encontrado um lugar de "adoção", de inscrição no desejo dos pais.

O pai foi preso quando ele tinha 4 anos. A mãe impede o pai de ver o filho desde os 3 anos de idade, quando o pai, tendo ficado em casa com ele, sai e o deixa totalmente só. O que se sabe depois é que Renato cai pela janela e quebra a clavícula. Desse episódio ele cria um enredo. Diz que fez uma tentativa de suicídio precipitada pela situação de abandono em que se via e pelo fato degradante de ver os pais usando cocaína. Nunca mais vê o pai e só na adolescência fica ciente de sua prisão. Tendo notícias disso, pede à mãe para levá-lo para ver o pai na cadeia. Ela nunca o levou, com a justificativa de não querer que Renato se aproximasse do pai traficante. Das poucas notícias que teve do pai ele produz a seguinte formulação: as drogas e o tráfico são a única herança que recebeu dele. Isso é tudo que ele tem do pai. Essa herança, nos parece, passa a determinar sua vida. É nessa direção que ele é levado.

Chegada ao hospital psiquiátrico

Sua primeira internação psiquiátrica aconteceu em 2008, aos 17 anos, e teve como causa o uso de drogas que o levava a fazer assaltos e se colocar em situações de risco, além de episódios de agressividade contra os familiares. Depois disso, a equipe da emergência do hospital muitas vezes decidiu não recebê-lo para observação ou internação por compreender seus atos como atos de delinquência, sem outra motivação. Se fosse concluído em um determinado plantão médico que suas dificuldades se deviam às drogas e às situações de risco decorrentes delas, o hospital psiquiátrico não poderia lhe oferecer internação como abrigo, como solução ao risco a que ele estava submetido, porque isso configuraria uma situação de risco social e não psiquiátrico. Frequentemente, ele recebia medicação e era mandado de volta pra casa. Voltando para casa, não raro dormia num sofá do lado de fora, porque sua mãe trancava a porta de casa para que ele não entrasse. Aconteceu muitas vezes que alguns médicos o tomassem apenas como usuário de drogas e marginal, enquanto outros médicos e a equipe do CAPS o tomavam como psicótico em situação muito grave de vida.

Renato pôde nos convencer, por suas falas, ameaças e comportamentos, que é um bandido perigoso, porque talvez faça desse lugar uma tentativa de identidade para si, algo que constrói com o que seu pai lhe deixou. Mas também pôde nos transmitir muita candura, nos fazer muitos apelos e nos pedir socorro. Como um menino, gosta de desenhos animados e, ao mesmo tempo, adora assistir às lutas de vale-tudo na TV. Pôde vir a nós com um pedido de acolhimento, revelando seu total desamparo, e no momento seguinte partir para um ato violento. É difícil acompanhar essa falta de orientação nele. É comum pensarem que ele quer manipular. Pode haver esse aspecto, por que não? Mas é possível, em um acompanhamento sustentado na transferência, com uma escuta rigorosa, notar que ele é manipulado por algo que o invade, que toma seu corpo, que o constrange.

Desde os primeiros contatos, é difícil reconhecer em Renato uma personalidade que seja ou boa ou má. Ou bandido ou louco. Para termos uma ideia da condição paradoxal que é a sua, Renato é considerado pela polícia como louco e por alguns médicos do hospital psiquiátrico como bandido, ou seja, nem um nem outro pode tomá-lo em mãos. Tentamos decidir se ele é um ou outro. Por vezes, queremos dizer que ele é louco e recusamos sua bandidagem, que é também sua condição. Então, precisamos seguir com ele no que é.

Encaminhamento para a enfermaria de adolescentes e crianças

Após muitas idas à emergência do hospital psiquiátrico, ele é internado na enfermaria para adolescentes com a proposta de uma investigação diagnóstica. Nessa primeira internação, em 2008, Renato conta que sua infância foi muito sofrida, que apanhava muito. Mas, além do sofrimento, fala também de seu gosto por soltar pipa e jogar bolinha de gude. De um modo ou de outro, fazia um apelo constante ao pai. Dizia que o que mais queria na vida era ir visitá-lo na cadeia.

Se, por um lado, ele se reconhece como bandido nessa referência ao pai, ele não deixa de reconhecer também que "tem umas coisas malucas" que lhe acontecem. Por exemplo, há um homem, um personagem real para ele, nomeado, que fala com ele e diz que vai matá-lo e arrancar suas tripas. Outras vezes, conta que fica muito nervoso, seus músculos incham e ele se descontrola. O que lhe dá proteção é uma corrente de ouro que sua avó materna lhe deu, assim como abraçar uma árvore o acalma. São coisas assim, simples e infantis, que se chocam com a violência e a delinquência que o acompanham.

Após sua primeira internação, foi referido para tratamento num Centro de Atenção Psicossocial Infanto-juvenil (CAPSi). Nessa ocasião, ele já havia passado por outras instituições de tratamento.

Na saída da internação, aceitou tanto a indicação de tratamento como a necessidade de continuar fazendo uso da medicação prescrita, e fazia planos de retomar os estudos e ingressar em atividades esportivas. Após dois dias da alta, Renato retorna ao hospital, tendo feito uso de drogas e apresentando agudização do quadro psiquiátrico. Ele é reinternado. E sua vida se encaminha assim: internação, fuga, atos violentos, tratamento no CAPSi, internação, atos violentos, fuga, drogas, tratamento no CAPSi...

Ao longo da segunda internação, o contato com os familiares é retomado. Tenta-se estabelecer junto a eles uma rotina para que Renato organize sua vida após a alta. Sua mãe e sua avó demonstravam grande preocupação quanto ao seu retorno para casa, pois ele estava sendo acusado de roubo na comunidade onde moram. Com orientação do Conselho Tutelar, viabilizaram um abrigamento para Renato em uma instituição destinada aos cuidados com usuários de álcool e drogas, uma vez que, segundo avaliação, ainda precisaria de algum nível de proteção para garantir seu afastamento das drogas. Durante essas internações e abrigamentos, Renato foi sempre acompanhado pela equipe do CAPSi, serviço então de referência para seu tratamento.

Do CAPSi ao CAPS via internação na enfermaria masculina

Com a proximidade de seu aniversário de 18 anos, Renato passou a falar que ia virar adulto, que precisava ficar mais responsável por sua vida. Ele falava da ideia de ter uma família, esposa, filhos, ensaiava planos de ter uma profissão. Já era a hora de ele começar a frequentar os serviços para adultos da rede de saúde mental. Isso começou a ser trabalhado com ele. A passagem do CAPSi para o CAPS de adultos se deu através de uma internação, não mais no serviço para adolescentes, mas já na enfermaria de adultos. Todas essas passagens de serviço a serviço foram muito acompanhadas, articuladas e discutidas entre as equipes, pois era provável que tudo isso o desestabilizasse.

A psiquiatra que o acompanhou no CAPS o conheceu após ele ter sido encaminhado pelo CAPSi à internação na enfermaria masculina. Logo após sua médica tê-lo conhecido na internação, ele passou a ser referido também ao CAPS de adultos.

Desse momento em diante, sucederam-se invasões dele ao CAPS. Ele fazia do CAPS um lugar onde passava a noite, dizia aos vizinhos que morava ali, consumia os doces da cantina como se fossem itens de sua casa. Ao ser transferido para o CAPS, fez dele sua casa. Percebeu-se, nesse episódio de invasão e roubo, que alguma instância de Lei só podia aparecer para ele quando estava diante de alguém marcado por isso (por exemplo, os técnicos do CAPS, os policiais...). Só então era capaz de reconhecer como abusivo o que havia feito.

Na internação após a invasão ao CAPS, ele fez um apelo por alta à sua médica. À sua recusa por ajudá-lo a ir embora, Renato respondeu com irritação dizendo que então voltaria para o CAPSi. Ela lhe disse espontaneamente que não era possível voltar a ser criança, o que aumentou sua irritação e o fez dizer para ela ir embora. No entanto, no dia seguinte, ela o encontrou perplexo, ávido por lhe contar o que se passara com seu corpo: "Olha só! Cresceu pelo no meu peito, meus punhos estão se abrindo, eu tô mais forte... Foi assim, da noite pro dia!". Ela se espantou, mas ainda não tinha ligado a sua intervenção do dia anterior com essa modificação no corpo dele. Ou seja, a palavra teve um efeito real no corpo, mas não permanente, é real e fugaz, não opera uma transformação consistente, nada de um efeito permanente se produz. A partir da negativa de sua médica quanto a ele poder voltar a ser criança, cada vez que a encontrava um corpo de homem se fazia, enquanto que, quando estava com sua psicóloga, falava das brincadeiras infantis que gostava de fazer.

No dia em que foi apresentado para sua psicóloga, Renato logo a chamou para conversar e fez inúmeras perguntas sobre o CAPS, dentre elas: "Vou poder me tratar lá para sempre? Eu não posso ficar sem tratamento". Muito presente nas conversas com a psicóloga eram as falas às vezes delirantes, às vezes lúcidas, sobre os pais. Em relação à mãe, há a preocupação com seu uso de drogas. Quanto ao pai: "Meu pai é traficante, é dono de uma favela no Rio", "Meu pai é dono de todas as bocas de fumo do Rio, ele mora lá, mas não posso te dizer onde porque ele é procurado pela polícia". Em seguida: "Meu pai tá preso, ele me deu muita maconha e levei tudo para casa", "Ele não sabe que eu tô aqui, se soubesse já tinha dado uma coça na minha mãe", "Ele não ia concordar dela ficar me internando". Apesar de Renato não ver o pai desde a infância, ele diz vê-lo com frequência. "Meu pai é sinistro, já matou muita gente". E se inclui nesses relatos de acontecimentos semelhantes aos do seu pai: "Já fui preso", "Fiquei três anos...", "Eu era do tráfico que nem meu pai. Era eu aqui e ele no Rio". Mais uma vez, parece-nos ser essa sua maneira de inventar um pai, uma identidade, um abrigo, um apelo à Lei que não incide sobre ele.

Ele diz: "Ontem fiquei triste", "Fiquei lembrando de muita merda que já fiz", "Tem muita gente querendo me pegar, não posso sair de alta não". Na presença da mãe, contou que já havia matado e que, por isso, chegara em casa com a camisa cheia de sangue. "Minha mãe ficou no tanque lavando a minha camisa de sangue da mulher e chorando, num é mãe? Fala para ela! Num é verdade?". A mãe começou a chorar e fez que sim com a cabeça. Em outra ocasião, ela contou que, nesse dia, Renato havia apanhado muito dos traficantes, e a camisa que ela lavou estava suja de sangue dele. Parece que, diante dessa expulsão que o acompanha, vem essa narrativa fabulatória ou delirante do seu lugar no tráfico. Ele busca um lugar a que possa se dizer pertencente, mesmo à margem, nesse mundo que é do seu pai, que tem leis próprias, mas nem aí Renato consegue se instalar.

Muitas coisas foram tentadas com ele, até acompanhamento em sua internação 24 horas por dia com psicólogos que se revezavam. Muito se discutiu seu caso. Muitas pessoas se mobilizaram em torno dele. Sua médica, sua psicóloga, assim como toda equipe do CAPS dedicaram-se a levar adiante seu tratamento incansavelmente. Mesmo assim, as coisas desandam.

Renato já invadiu e furtou o CAPS sete vezes. Em uma delas o encontramos lá dentro no fim de semana, e a polícia o conduziu ao hospital psiquiátrico, onde foi internado. Em outra invasão, deixou cair no CAPS sua identidade, evidenciando a autoria do delito. Várias dessas invasões foram testemunhadas pelos vizinhos do CAPS. Foram subtraídos diversos bens do serviço nessas ocasiões, desde computadores até potes de margarina, objetos que Renato troca por drogas. Ainda no CAPS, ele teve crises severas, em que chegou a ameaçar funcionários com uma faca para que lhe entregassem seu cartão do benefício. Recentemente, testemunhamos Renato roubando 50 reais de outro paciente dentro do CAPS e fugindo em seguida. Em outra ocasião, também recente, ele chegou exaltado, pulou o muro para pegar seus documentos e ameaçou os funcionários de que voltaria com marginais.

Diversas estratégias foram tentadas durante esses anos, principalmente nos dois últimos anos, sem sucesso, estratégias que deram para ele um ponto de referência, que fizeram para ele um chamado em que Renato se viu extremamente ligado, até apaixonado, mas que não puderam fazê-lo parar de rodar nesse movimento que é o seu. Renato foi internado no hospital psiquiátrico inúmeras vezes, mas lá também, e de maneira muito mais violenta, era impossível sua permanência. Era frequente que ele arrancasse lâmpadas das enfermarias e ameaçasse funcionários para que pudesse fugir, por vezes fazendo-os de reféns. Durante as fugas, também subtraiu dinheiro e objetos de pacientes e funcionários. Em função desse risco de agressão e morte que ele oferece a si mesmo e a outrem, a internação no hospital psiquiátrico não é mais uma opção terapêutica para ele. Diversos médicos chegam a duvidar do diagnóstico de psicose, já que a vivência psicótica, os delírios e alucinações auditivas não aparecem sempre, ele não endereça isso a qualquer profissional, e o que se destaca são os delitos e agressões cada vez mais proeminentes.

Tentou-se, por último, uma estadia do paciente num sítio religioso para recuperação de dependentes químicos como alternativa à internação no hospital psiquiátrico. Contudo, também nesse lugar ele realizou um furto e fugiu.

O quadro de Renato vem se agravando progressivamente em função do uso intensivo de crack e cocaína e por não estar fazendo uso da medicação há meses. Não tem frequentado o CAPS atualmente e não tem um paradeiro estável, permanecendo dias a fio em comunidades, envolvido com o tráfico e fazendo inúmeros furtos e roubos por onde passa. Põe-se, portanto, constantemente em risco, assim como seus familiares, técnicos de seu serviço de tratamento e os outros pacientes.

Assim, chegamos à difícil evidência de que, como medida de proteção à vida dele e dos que estão à sua volta no momento, a possibilidade de contenção para ele é a internação no manicômio judiciário, o que é factível diante de seus inúmeros delitos.

Essa indicação é terapêutica, na medida em que possa funcionar terapeuticamente, porque seria para ele um período de descanso de sua errância, dessa violência que o acomete, desse expulsar-se de todos os lugares. É uma chamada à Lei e um lugar de conjugação da loucura com a delinquência, onde não é um ou outro, já que sua condição é essa própria conjunção. Mas há que pensarmos o que irá substituir o manicômio como porto, limite, contenção ao risco no qual Renato se coloca, assim como tantos desses jovens que nascem já destinados à própria sorte, às ruas e ao descaso.

A difícil decisão de falar desse caso se deve ao intuito de compartilhar a ideia de que uma rede de saúde mental, ainda que organizada e articulada, não garante *a priori* a possibilidade de um tratamento. O que a situação desse jovem nos coloca é a necessidade de insistirmos juntos, todos os serviços e profissionais envolvidos, apostarmos em um tratamento. Ainda que por vezes nos vejamos abatidos, desanimados e preocupados com o prognóstico, seguimos insistindo.

A possível internação no manicômio judiciário não cessa nossa responsabilidade com Renato. Essa indicação não constitui necessariamente um destino final, é mais uma tentativa de oferecer/construir algum contorno para sua errância num lugar protegido. Diante disso, vemos o quanto é fundamental uma intervenção o mais precoce possível, a tempo de estabelecer minimamente algumas condições que possibilitem outra sorte para crianças e adolescentes em situação de extrema precariedade como a dele. Diante de uma realidade como essa, não há como descansar.

Organização dos cuidados a usuários de álcool e outras drogas em Niterói: uma proposta e uma prática[1]

Francisco Leonel F. Fernandes

Sabe-se que do ponto de vista econômico a droga é uma mercadoria "securitizada" como qualquer outra, de sorte que o preço que o consumidor paga na ponta paga também integralmente o custo de sua produção em todos os níveis, de sua produção propriamente à logística de sua distribuição, incluindo nesta última o custo representado pela corrupção e pelos quantitativos eventualmente apreendidos pela polícia. Isso significa que ela enquanto mercadoria tem uma estabilidade e uma presença garantida no mercado apesar do ambiente proibicionista que a cerca. Vale dizer, é a mercadoria droga que é o universal, não o usuário ou seu comerciário, o traficante, como querem sugerir os debates ideológicos, pois estes são figuras sempre circunstanciáveis e em vários planos. Por exemplo, não há como comparar o surto de heroína nos países do leste europeu e o uso de crack no Brasil por pessoas de comunidades carentes e pela população de rua. No entanto, do ponto de vista jurídico, seu consumo é ilícito. A sociedade brasileira tem resolvido essa contradição criando o mito do traficante e do adicto em torno do qual

[1] Trabalho apresentado no seminário *A clínica com adolescentes na rede de saúde mental*, realizado em Niterói, RJ, reunindo profissionais do *Proadolescer* e da rede de saúde mental desse município, em 26 de abril de 2013.

ela encena seu suposto contínuo fracasso em vencer as forças do mal, escondendo a verdade de que 500 bilhões de dólares anuais (dados da ONU), uma tal receita, não pode ter origem no bolso de uns poucos usuários no limite da indigência nem tampouco ser administrada por uma massa de "gerentes", nossos traficantes, com o horizonte econômico que é o deles – a droga é uma mercadoria que, pela escala que tem, implica a sociedade em seu conjunto e não parcelas limitadas de usuários.

Quando se toma a questão de nosso lumpemproletariado, atualmente muito atingido pelas drogas, dão-lhe as vestes dos "viciados universais" e, a seguir, os tratamentos propostos passam a exigir-lhes muito mais do que podem, efetivamente, oferecer – que eles superem sua condição histórica e integrem-se à sociedade capitalista ultrapassando sua situação marginal nela. Ora, o que temos encontrado, enquanto Estado, ao abordar nossos usuários nas comunidades e nas ruas, é que as condições para o nosso lúmpen já estavam aí agindo, produzindo-o enquanto grupo social, e que a droga não é de modo algum o principal e muito menos o único agente de sua situação – estes lhe são anteriores, são históricos. As determinações dos fracassos das iniciativas em relação às drogas não são específicas dessa problemática, elas são as mesmas que se encontram na educação, na assistência social e na saúde de maneira geral.

Vamos centrar nossa exposição numa situação para tentar retirarmos dela os principais pontos a sublinhar. T., identificada por seu uso de crack, mas sobretudo de tíner (diz não gostar muito de crack)[2], financia seu uso de drogas com prostituição, a prática de pequenos delitos e eventuais serviços prestados ao comércio de drogas. A mãe também é

[2] Em Niterói, o consumo de tíner, uma espécie de solvente, é muito mais sério e extenso do que o de crack. Começam a surgir alguns grupos maiores de usuários de crack em consequência das abordagens nas comunidades, política praticada no Rio de Janeiro, cujo principal efeito é dispersar traficantes e usuários pelos municípios vizinhos não atingidos por essas políticas. É claro que essa configuração pode mudar com o tempo. Hoje, abril de 2013, o estado das coisas ainda é esse em Niterói.

usuária, vende doces nos sinais. Os redutores de danos que a abordam nas ruas observam um traço que a especifica dentre os usuários com os quais é identificada: segundo eles "ela é arisca, não anda em bando, só em dupla; sempre some. Não para, poucos a conhecem, faz uma carreira solo". Os redutores então tentam abordá-la através da mãe, a qual passam a acompanhar. Com 16 anos, T. já está na terceira gravidez. Presenciou o assassinato do irmão. Fala de uma paixão. Um rapaz que, através de um pacto recíproco, a tirou da prostituição, e ela, por sua vez, o tirou do tráfico. Estão na rua, foram expulsos da comunidade por conta de um roubo a eles atribuído. A relação dela com as instituições públicas, o Conselho Tutelar, por exemplo, é difícil, pois este já lhe retirou a guarda de uma de suas filhas e a disponibilizou para adoção. Já o CPN, hospital para onde foi encaminhada por conta de sua gravidez e a variedade de doenças, a recusa. Vem uma forçagem do consultório de rua, é internada – mas foge por temer que lhe retirem seu bebê recém-nato. O desfecho de sua paixão é duro: seu namorado engravidou a própria mãe dela, isto é, ela é irmã de seu enteado. Isso trouxe muitas dificuldades para o convívio entre elas, já que a mãe é quem cuida de todas as crianças, as próprias e as de T. Foi para a rua, mais uma atuação no tráfico. Atualmente está presa em Bangu e quem cuida dos filhos que lhe restam ainda é a mãe.

Um primeiro ponto diz respeito ao quantitativo do "singular". O aspecto trágico desse relato sugere a exceção, mas isso não é verdade. Em conversa com um colega, ele nos advertia para que tivéssemos cuidado em apresentar casos, sobretudo esses raros e excepcionais. Ele nos assinalava a visada generalista da saúde pública. Argumentamos que as situações na saúde mental, especialmente essas envolvendo o uso de drogas e uma população mais vulnerável, eram todas, sem exceção, como a relatada acima – excepcionais. Para a saúde mental são encaminhados os casos que escapam dos protocolos por razões comportamentais.

Se tomarmos, como em um sorteio de loteria, um sujeito como esses que correm pela Av. Brasil e os eventos que cercam sua vida, constataremos o mesmo tipo de tragédia como a que apresentamos acima. Se forem trezentos adolescentes correndo pelas ruas, teremos trezentas tragédias elevadas ao quadrado, pois a tragédia deles envolve também outras pessoas. E essa é a particularidade que especifica a saúde mental: enquanto os diversos campos da saúde podem ser abordados, com uma certa efetividade, por uma racionalidade protocolar que dá às ações um escopo geral, na saúde mental, justamente, as situações são fora do protocolo. Eis aí onde se situa a complexidade.

Onde está o ponto pivô dessas histórias? Na violência? (A propósito, o que é violência?) Nas inúmeras peripécias e maus encontros? Façamos uma distinção que julgamos importante. Uma coisa é alguém ter tido um pai violento, alcoólatra, uma mãe violenta, leviana, mas situados de tal forma que o sujeito, mais ou menos infeliz, ou marcado por esses pais, pode reconhecer que esses foram seus pais e tecer uma história mais ou menos dramática, uma narrativa na qual se expressa que, apesar de tudo, teve seu lugar no parentesco e assim passou a frequentar o laço social. Outra coisa, completamente diferente, são esses acontecimentos que dão conta da ameaça ou mesmo impossibilidade do sujeito de encontrar suas coordenadas fundamentais nessa ordem, como no caso que aludimos.

Ora, é aí nesse ponto que constatamos sua deriva para as ruas: T. recusa o convívio com a mãe no ponto preciso em que é manifesta a ruptura na cadeia das gerações que organiza o parentesco, ali onde sua mãe tem um filho de seu companheiro. E esse é um ponto muito impressionante nessa clínica: o número de crianças e adolescentes que fugiram para a rua, recusando as famílias, os abrigos, as situações de cuidados em que estavam inseridos não apenas pela violência e pelos maus-tratos existentes nesses locais, mas sobretudo por questões referidas ao pertencimento e às possibilidades de se endereçarem a um outro de maneira significativa de sorte a poderem encontrar, nesse endereçamento, um lugar a partir do qual tecer uma história. Na falta disso, é preferível o lugar nenhum da rua, junto de companheiros também lançados nessa deriva, para ficarem em torno de pequenos ilícitos, por vezes ações violentas e o consumo de drogas. Dessa forma, exercem um apelo tão radical quanto mudo, e encontram um sucedâneo condenado ao fracasso do que seria uma inscrição efetiva no laço social.

É geral o esgarçamento da estrutura de parentesco nessa população. Reparem que não falamos de família, da família burguesa ou cristã, no que essa entidade se conjuga a uma massa de ideais impossíveis de efetivação nas condições de nosso lúmpen. Falamos de parentesco como uma marcação mínima da diferença entre os sexos e da cadeia geracional a partir da qual os seres humanos se constituem no e para o laço social em função de se fazerem representar através da fala e outras modalidades de expressão.

A situação na qual encontramos T. é muito corrente em Niterói: uma coexistência de três ou até mais gerações de mulheres, avó, mãe e filha com seus filhos à volta, associadas ou não a um agrupamento maior de pessoas, os primos, organizadas do mesmo modo. Os homens circulam – podem estar presos, mortos, desaparecidos ou simplesmente ser outros; os filhos e filhas são desses variados encontros e todos orbitam em torno da autoridade materna. Nessas situações, vemos como é destituída a figura masculina enquanto polo de autoridade, seja como pai ou companheiro, e como isso se correlaciona à impossibilidade de as pessoas organizarem um projeto de vida que relativize essa presença em torno da autoridade positiva e presencial das mulheres. É raro que essas crianças frequentem a escola, ou que pessoas nesses agrupamentos tenham uma entrada mais decidida no mundo do trabalho.

O fato de as drogas terem atingido de maneira dramática esses estamentos populares, aqueles mais marginalizados e em situação de risco, e a criação de uma rede de serviços de várias secretarias e níveis do Estado dedicados à questão, mesmo que em número muito aquém das possibilidades de uma efetividade consistente ser produzida, fez com que um corpo técnico expressivo se aproximasse do problema e começasse a abordá-lo na extensão social em que ele se colocava. É muito importante distinguir as terapêuticas forjadas pela medicina enquanto orientadas para uma clientela específica, com um pertencimento cultural definido (um Fábio Assunção ou uma Vera Fisher, para citar algumas celebridades afetadas pelo uso abusivo), e o problema da adicção que atinge essa massa de pessoas com essa questão quanto ao pertencimento, quanto a poderem estar endereçadas de uma tal forma a se constituírem, se fazerem representar e tecerem uma história a partir do lugar que ocupam nesse endereçamento.

É certo que temos situações como a de Joaquim Barbosa ou Machado de Assis, mas estamos nos referindo aos herdeiros da escravidão que vivem nas ruas, no tráfico de drogas: circulam pelos abrigos da assistência social, nos estabelecimentos das medidas socioeducativas, nos abrigos sustentados pela filantropia, e, após a maioridade, vão continuar seus percursos no sistema carcerário. É muito significativa a polaridade sem chances quanto ao destino com a qual eles se defrontam: ou a rua e suas possibilidades de deriva ou a internação/prisão. Então, como se pode abrir alguma alternativa quanto a essas questões para essas pessoas? Como encaminhar uma institucionalidade capaz de abordar esse tema do pertencimento, às vezes declinado como "inclusão social", a partir dessas manifestações sintomáticas em torno das drogas e da delinquência?

Entendemos que a droga nesses níveis da sociedade tem a particularidade, que não é a mesma para outros planos sociais, de agravar muito uma situação historicamente difícil. A tentativa então é de formar uma rede de suporte sem desconhecer os mandatos públicos que podem autorizá-las, menos orientada por protocolos e forçagens, que leve em conta esses determinantes na constituição das possibilidades dessas pessoas. Trata-se de penetrar lentamente nos domínios dessa população, construir com paciência uma vinculação com base na confiança, ganhar-lhes honestamente essa confiança, abrindo-lhes alternativas concretas de transformação. O que significa situá-los um a um, tolerar, lidar com as recaídas, a motricidade extremada, a agressividade que trazem, as desconfianças, enfim, indicar que são falantes e podem ser afetados pelo que enunciam, tomar lugar aí, etc. Essa vinculação a um só tempo com os outros e a própria palavra, muito difícil de ser obtida, nem sempre possível de ser obtida, construída pouco a pouco e de maneira minuciosa, cuidada, atenta aos prejuízos de diversas ordens e envolvendo equipamentos diversos. É a isso que visa o conjunto de iniciativas em curso em Niterói, representado pelo consultório de rua, buscando pactuar com essa população um início de trabalho em função de suas questões: o CAPSi, propondo-se como campo onde estas podem ser desdobradas em um endereçamento mais continuado; e a ERIJAD, trabalhando com os vínculos entre as diversas instituições e ordens com as quais elas se encontram e se enfrentam.

Vejamos o que podemos fazer com a situação que trouxemos. Em primeiro lugar, abordá-la, tarefa do consultório de rua. Como notam os redutores, T. é "arisca" – e tem suas razões para sê-lo. Isso significa que a equipe do consultório de rua teve de, sem persegui-la, prestar atenção nela, lidar com sua recusa, tentar em ofertas sucessivas um mínimo de pactuação. Obteve o quê? Em torno da gravidez conseguiu articular uma demanda de cuidado. Dirigem-na ao CPN, um hospital, mas essa instituição ou a recusa ou lhe propõe uma internação com o consequente abrigamento do filho recém-nato – ela foge. Trabalho perdido? Entra cena a ERIJAD, que junto dos redutores busca intervir não tanto em relação a T., mas em relação às instituições que têm protocolos muito definidos quanto à sua situação – no caso, o CPN e o Conselho Tutelar. A intervenção aí é discutir o caso, as nuances do caso, com os responsáveis por ele nessas instituições. Momento difícil, delicado, pois não se trata de interrogar o mandato ou os protocolos nos quais essas instituições se sustentam, mas de obter uma parceria que jogue com os limites desses procedimentos no sentido de fazer uma oferta a T. em que ela possa confiar e pela qual ela se comprometa em cuidar-se o mínimo que seja. O esforço é, ainda nas ruas, comprometê-la em uma demanda de cuidados para, a partir daí, visar que ela se engaje num trabalho no qual possa entrever sua posição e tirar consequências disso. Quem sabe passar a frequentar o CAPSi. Levada pelos cuidadores, ela começa um trabalho nesse serviço. Mas tudo é incerto: T. foge, desaparece. Temos de recomeçar tudo a cada vez.

É importante sublinhar o que pode ser definido nessa abordagem como critérios de efetividade e resolutividade. Tudo muito longe de termos êxito em obter a abstinência ou que T. se sujeite a uma escola, a uma capacitação ou ao mercado de trabalho. Os critérios são modestos: ela se ligou a alguém? Tivemos êxito em comprometê-la numa gravidez cuidada? Com isso pudemos introduzir novos fatos, novos encontros em sua trajetória difícil que lhe abrissem novas possibilidades? A seguir, quem tratamos? Não é o caso de nos propor como alternativa ao que está organizado como tratamento nos diferentes planos de cuidados. Sermos críticos em relação ao que as instituições fazem não significa que tenhamos os meios para um tratamento melhor ou mais eficaz do que aquele que é feito – uma vez que isso tudo depende de recursos bem diversos. A crítica é muito mais uma iniciativa visando ao debate, a uma revisão das práticas no curso das mesmas, do que propriamente formuladora de alternativas positivas. Em suma, a aposta é muito mais num modo de encaminhar os cuidados zelando pelo vínculo, buscando centrá-lo na confiança, na pactuação pela palavra, do que propor novos protocolos. Cabe então sublinhar alguns pontos de dificuldades que têm lugar nessa proposta.

O primeiro é aquele da constituição dessas pessoas, as dificuldades inerentes às condições nas quais elas se constituíram. O abandono, essa vinculação caótica, nos limites da desagregação, ao parentesco, as consequências disso em termos de inserção social, o uso continuado de drogas, as doenças de todo tipo daí advindas, tudo isso associado ao peso histórico da formação desse agrupamento social, constitui um real que não pode ser subestimado, que impõe obstáculos poderosos a qualquer otimismo fácil. Depois, temos o fato do uso de drogas propriamente. Crianças e adolescentes tomados pelo uso, isso tem sua especificidade, sendo um complicador a mais nesse contexto de miséria e exclusão. A seguir, temos os diversos níveis de estigmatização, desde a mais ampla até aquela que encontramos no dia-a-dia dos serviços e em nós mesmos. Não se vá pensar que os projetos edificantes e piedosos que as instâncias centrais da gestão formulam e propõem não encontrem barreiras importantes na ponta, naqueles encarregados de os implementarem na prática, mas que, de igual modo a nós, estão mais ou menos decididos a praticarem o bem. Quem realmente pode atender um usuário portador de AIDS fissurado? Ou lidar com uma gravidez de risco associada ao crack? Quadros que recebam e acolham essas pessoas e situações, que se abram para o que nessas cenas, tão convulsionadas e já fechadas em atribuições fixadas, possa indicar de uma subjetividade singular buscando se afirmar, só podem se formar muito lentamente.

É preciso sobretudo entender que acolhê-las não é o mesmo que recebê-las como vítimas. Colocar a questão da responsabilidade para essas pessoas, mesmo nas condições extremas nas quais elas se constituíram, mesmo elas tendo todos os álibis de se dispensarem dos deveres para consigo e seus semelhantes, é uma maneira inteiramente nova de situá-las frente ao estigma e às atribuições em que o coletivo social as fixa.

Finalmente, há uma dificuldade mais ampla que gira em torno do jogo político e da mídia: a quase total impossibilidade de os problemas serem discutidos relevando sua respectiva complexidade e as dificuldades de resolvê-los. No caso das drogas quer-se passar por cima das dificuldades inerentes à questão. Tem-se que formular uma solução rápida, eficaz, espetacular. A palavra de ordem no momento é a "internação compulsória". Mais importante que o conteúdo da proposta é seu modo de apresentação, o agenciamento dentro do qual é feito. O Datafolha acaba de divulgar uma pesquisa segundo a qual a maioria da população de São Paulo é a favor da diminuição da idade para imputação penal – vale dizer: à deriva que estamos considerando a sociedade responde com a cadeia. Trata-se aí de uma recusa da sociedade em reconhecer os problemas que ela mesma produziu, a complexidade dos mesmos e o peso histórico no qual se enraízam. Em suma, vê-se como o problema das drogas, enquanto um sintoma social, coloca em questão os próprios fundamentos de nosso funcionamento coletivo bem como os modos com os quais enfrentamos os impasses que eles produzem em seu dinamismo concreto.

Saudades do Ceará: um caso de psicose e abuso de drogas na adolescência[1]

Roberta D'Assunção
Marcio Moreno Barbeito[2]

O presente trabalho aborda os impasses surgidos nos primeiros atendimentos de um adolescente usuário de drogas. Nas discussões clínicas que tivemos em diferentes espaços nos quais apresentamos o caso, ficou evidente que a escuta do que havia de singular na fala do adolescente contribuiu para esclarecer a forma específica de esse jovem usar a droga e se relacionar com o mundo.

Trata-se de um rapaz de 16 anos, em tratamento em um CAPSad, acompanhado por um psiquiatra e uma psicóloga (seus técnicos de referência). Chegou ao serviço trazido pela mãe, Maria, e a tia ma-

---

[1] Trabalho apresentado no *I Simpósio Brasil/Moçambique de Saúde Mental de Adolescentes*, realizado em Maputo, reunindo profissionais do *Proadolescer* e da Associação de Psicologia de Moçambique, de 29 a 31 de maio de 2013. Em junho do mesmo ano, o caso foi apresentado no Núcleo de Estudos sobre Toxicomania da Escola Brasileira de Psicanálise – Seção Rio, a convite do cartel que organiza o Núcleo.

[2] Gostaríamos de agradecer especialmente a Isabel Noronha, de Maputo, e a Edson Saggese, Joyce de Paula e Silva, Sonia Sodré, Viviane Tinoco Martins e Selma Pau Brasil, do Rio de Janeiro, pela interlocução que permitiu cernir questões e intervenções importantes para o caso que trazemos aqui.

terna, Lúcia. A família se queixava do comportamento de João, suas brigas e o uso de maconha, vício sustentado pelos inúmeros pedidos de dinheiro que o adolescente dirigia aos familiares, vizinhos e porteiros.

João havia vindo do Ceará, poucos meses antes por causar problemas na casa da avó, onde vivia: bebia cachaça, fumava maconha, comportava-se de forma "estranha", jogando restos de bebida na parede, agredia fisicamente a avó. Do Ceará, escutava a voz de sua mãe, no Rio de Janeiro, pelo telefone, sendo essa a maneira pela qual mantiveram contato durante os oito anos em que estiveram distantes.

Vindo para o Rio, João usou crack, primeiro em pedras misturadas no cigarro de maconha. Sua compulsão aumentou, bem como os efeitos da droga, que tinham uma função para esse paciente, conforme veremos. O adolescente fumava em casa, sozinho, de modo que a droga não adquiria para ele uma função de socialização.

No primeiro atendimento de recepção[3], João permaneceu sentado, não respondia quando lhe dirigiam alguma pergunta e xingava sua mãe de "besta-fera" quando ela se queixava dele. Maria permanecia fisicamente distante do filho, dizia que ele não "prestava", respondia diretamente aos xingamentos dele. Quando perguntadas sobre o que se passava, tia e mãe entraram num impasse. Maria disse: "Ela que sabe, que tá sempre com ele". A tia respondeu: "Você que é a mãe". Nenhuma das duas se autorizava a falar sobre o que acontecia com João. Com esse primeiro incômodo, o trabalho começava.

[3] No CAPSad em questão, a recepção tem como objetivo esclarecer a demanda do paciente, definir o local de tratamento e, se for o caso, delinear o plano terapêutico inicial daquele paciente na instituição. Assim, a recepção intenta se adequar à necessidade de cada paciente: pode haver ou não indicação de acompanhamento por um psiquiatra, médico clínico, psicólogo ou assistente social, atendimento à família e mesmo o número de atendimentos de recepção pode variar. No caso de João, a recepção consistiu em consultas psicológicas e psiquiátricas com o adolescente e atendimentos com a família.

A droga para João

A queixa inicial de João foi a saudade de sua terra natal. Ameaçava se matar e continuar usando drogas se sua mãe não o mandasse de volta. Descrevia o efeito do crack como espíritos entrando no cérebro pela fumaça e depois correndo por dentro de seu corpo. Dizia que, quando expirava a fumaça, podia vê-la da cor que quisesse, pois a transformava com seus pensamentos. Tratava-se de um modo muito particular de descrever a droga: o uso parecia ter o intuito de estimular a produção de alucinações visuais e auditivas.

Esse caso toca na delicada discussão clínica a respeito do diagnóstico na adolescência, uma vez que a crise característica deste período dificulta o esclarecimento dos quadros psicopatológicos (D'Assunção & Sarmento, 2013), ainda mais quando há consumo importante de drogas associado à presença de alucinações.

Não nos apressamos em definir o diagnóstico. Mas a exuberância e a qualidade dos fenômenos descritos por João apontavam para um quadro de psicose, primário e não produzido pelo consumo de drogas. Com os atendimentos frequentes, em momentos em que não estava intoxicado, com as avaliações junto ao psiquiatra e com o tempo para ouvir, essa hipótese foi se confirmando. A descrição das visões e do poder de influência que "exercia sobre os outros" também parecia mais característica de uma via propriamente delirante do que dos efeitos alucinógenos da droga. João, em certo ponto, fala de alguns fenômenos elementares, como vozes dizendo frases que precisavam ser completadas por ele.

A partir do momento em que o quadro se tornou mais evidente, João foi medicado com antipsicótico. Segundo seu relato, o remédio causava um incômodo bastante específico: "embaçava o olho". Não se tratava de um efeito qualquer para esse paciente, pois atingia diretamente o olhar, que tinha características singulares para ele: João "lombrava"[4] os outros

[4] Expressão comum no nordeste brasileiro, geralmente usada como adjetivo para dizer que alguém está sob efeito de drogas. Ex: "Eu estou lombrado". O paciente a usava como verbo transitivo, denominando a influência que teria sobre as pessoas próximas.

com seus olhos, como se exercesse influência sobre eles quando fumava, de modo que os outros faziam o que ele mandava. Também se sentia influenciado pelo olhar dos outros. Perguntava se a psicóloga estaria "sentindo o que ele pensava" através de seu olhar. Lombrar, para esse paciente, dizia respeito à indiferenciação entre ele e o Outro.

Seguindo a prescrição corretamente, já não lhe era possível lombrar os outros com seus olhos. Constatamos que o remédio teve a função de barrar esse fenômeno de lombrar e se fazer lombrar pelo olhar e teve um efeito – por algum tempo – de estabilizar o paciente, diminuindo a vontade de se drogar. As consultas mais frequentes com o psiquiatra e as intervenções criativas deste permitiram que João aceitasse a medicação. Em uma de suas intervenções, o psiquiatra escreveu na receita: "remédio caso tenha muita vontade de ir ao Chapadão!", referindo-se à comunidade onde o adolescente comprava drogas. Com isso, buscava conferir uma qualidade mais particular para o ato de medicar. No decorrer do período de recepção, João também escolhera se tratar ali. Dizia que o psiquiatra era seu amigo e que queria vê-lo. Quando se recusava a ir às consultas, falar ao telefone com a técnica possibilitava sua ida, o que indicava a importância da voz para o estabelecimento da transferência.

Em certo momento, a situação se agravou, pois João se colocou em risco para conseguir crack com os traficantes da comunidade mais próxima. Passou a trabalhar como "olheiro" do tráfico, isto é, ficava durante a noite vigiando do alto do morro se a polícia estaria chegando. Nesse período, João imaginava que levava tiros e colocava seu corpo frente a frente com os policiais, sendo dilacerado. O trabalho como olheiro poderia ter se apresentado como uma forma de estabilizá-lo nessa função de olhar. Mas o retorno do olhar do Outro para o paciente foi a dilaceração de seu corpo. Como olheiro, não havia barra entre ele e o Outro, o que produzia fragmentação.

Esse período como olheiro logo teve seu fim. Os traficantes o agrediram e o proibiram de frequentar o morro devido a sua loucura e, por um tempo, João não tinha mais onde comprar crack. Chegou a fazer uso dos remédios da mesma maneira que usava o crack, macerando-os e fumando como cigarro. Havia uma busca incessante pela droga. Não subir o morro certamente diminuía os riscos aos quais estava exposto. Mas a direção do tratamento não foi exatamente que João parasse de se drogar prontamente, todavia que pudesse, ao longo do trabalho clínico, arranjar soluções próprias para a desestabilização psíquica em que se encontrava.

Após algum tempo sob medicação, com importantes efeitos de estabilização e diminuição do uso de drogas, surgiu o interesse em ouvir músicas, inclusive ao sair de casa. João já comentava seu gosto por hip-hop e rock, enquanto pedia para sua mãe um tocador de música portátil, mp4. Maria achava que João gastara dinheiro suficiente com drogas mas, nos atendimentos familiares, o pedido do adolescente se repetiu e a psicóloga interveio, apoiando-o. Maria percebeu que a música podia ter alguma função para o filho e lhe deu de presente o aparelho. João passou a ouvir música o tempo todo, andando com os fones de ouvido. Trazia as músicas para o atendimento, falava sobre elas e pedia para ouvir junto com a psicóloga.

Nesses atendimentos, dizia que o capeta era psicológico e o espetava com uma lança nas costas, puxando seus pensamentos e agindo neles. Fazia com que ele quisesse se drogar e ter relações sexuais – dois movimentos que o levavam à desestabilização. O tratamento começava a ter função de barra a esses movimentos. Nos dias em que estava no CAPSad, algumas vezes João se dirigia aos seus técnicos dizendo que precisava do remédio porque estava com vontade de usar droga. Não conseguia explicar o que lhe acontecia. Tentávamos acalmá-lo falando com ele, que então se sentava e conseguia aguardar. O laço estabelecido com seus técnicos passava pela fala, pela voz. Havia uma forma de falar com ele que o acalmava. Veremos adiante como isso se esclarece também na relação com sua mãe.

Trabalho com a família

Os atendimentos familiares, que inicialmente contavam também com a presença da tia, passaram a se dar somente com mãe e filho. Em um dos atendimentos, uma intervenção parece ter tido o efeito de restaurar ou estabelecer um elo afetuoso entre os dois, ainda que de maneira muito frágil. O traço do carinho, na fala e na forma de abordar o paciente, tinha uma função apaziguadora para ele. João dizia que sua mãe não sabia falar com ele. Enquanto Maria brigava com o filho, foi possível apontar uma forma mais carinhosa de falar e questionar a forma agressiva de tratamento que dirigia a João.

Pudemos recolher como efeito uma mudança na relação dos dois, com episódios em que se abraçaram e falavam carinhosamente um com o outro, em grande contraste com as brigas e maus-tratos iniciais. Com essa forma de falar, Maria conseguia colocar um intervalo na impulsividade do filho. Se antes dizia ter "pena" do desespero dele e fornecia dinheiro para que ele comprasse a droga, percebeu que, se pedisse com carinho para que não fumasse, ele não fumava. Ficava claro que algo da voz carinhosa de sua mãe tinha um efeito apaziguador.

Outro aspecto do trabalho com a família foi ouvir a mãe individualmente, ainda na recepção do serviço. Tratava-se de ouvir dela sua questão, que nesse caso, como veríamos, passava por um impasse em se posicionar como mãe e mulher.

Após algumas consultas individuais, Maria se perguntou se aquele filho, especialmente, teria sentido mais falta dela do que seus outros dois, também deixados no Ceará quando ela veio para o Rio. Os pais dos seus três filhos não quiseram assumi-los e não os registraram em certidão. No caso de João, ela passou a considerar que isso o havia afetado de forma diferente dos outros filhos. Assim, Maria percebeu que havia uma diferença entre os filhos, o que permitiu que se aproximasse de João como ele era. Passou a contar a história da família: por muito tempo, o pai não aceitara João, ao passo que hoje os dois se entendem e conversam. O pai de João também "aprontava" na escola da mesma forma que o filho. Maria disse que os dois se pareciam, inclusive na forma de se comportar.

Aos poucos, ela passou a falar de suas questões como mulher, num primeiro deslocamento da questão do filho. Disse ter tido vergonha de ficar grávida quando solteira, mas desde que veio para o Rio aprendeu muito sobre a vida. Reclamou da relação com o marido, tocando no seu impasse: o fato de o marido não aceitar conviver com João. Desses encontros iniciais surgiu um desejo de falar que pôde ter continuidade com outra técnica.

A internação

Como dito anteriormente, houve um momento em que João passou a atuar como olheiro do tráfico, ficando noites inteiras na comunidade sem dar notícias. Foi também um período de agravamento do quadro psicótico. Diante disso, sua mãe começou a pedir insistentemente internação especializada para drogas e buscar, por vários meios, que seu filho se afastasse e se tratasse longe de casa, numa clínica para adictos.

Esse aspecto traz à tona a discussão polêmica sobre as iniciativas cada vez mais frequentes de internação compulsória, particularmente de adolescentes[5]. Alertamos para a possibilidade de o recurso da internação ser hoje usado de maneira equivocada, com um privilégio no procedimento e não na investigação das situações específicas. De qualquer forma, essa inflação do recurso da internação faz com que várias famílias procurem o CAPSad demandando a internação de seus familiares. Isso nos obriga a pensar na dimensão que toca a liberdade do cidadão

5 Sublinhamos a influência do crescente aumento no Brasil de iniciativas, inclusive governamentais, de internação compulsória de crianças, adolescentes e adultos que consomem drogas na mesma época em que o caso era recebido. A grande maioria das clínicas de reabilitação funciona como comunidades terapêuticas, seguindo a ideologia dos grupos de mútua-ajuda, como o AA e NA, ou são baseadas na religião, ligadas a igrejas diversas. Funcionam apenas com grupos de reflexão e atividades ocupacionais. Nas poucas instituições públicas para esse fim, não costumam ser aceitos adolescentes ou crianças, nem são disponibilizadas consultas psiquiátricas. Há uma dificuldade para tratar adolescentes em ambiente fechado na cidade do Rio de Janeiro. Há poucas opções, que geralmente se dividem em acolhimento nos abrigos da assistência social (por mandato judicial) ou internação em hospitais psiquiátricos ou gerais (por indicação médica), que não contam com ala especializada para crianças e adolescentes.

e o lugar do usuário de drogas em seu próprio tratamento. No caso de João, a presença de comorbidade o colocava numa situação ainda mais delicada em relação à internação, pois não havia instituições especializadas no tratamento de dependência química para adolescentes que o aceitariam.

Como João permanecia de um dia para o outro na comunidade, sumia durante a tarde ou dormia durante o dia, Maria não conseguia levá-lo ao tratamento, mas era chamada a comparecer mesmo sozinha para falar do filho. Os assuntos giravam em torno das comunidades terapêuticas religiosas que havia descoberto, por vezes em lugares distantes, onde dizia querer deixar seu filho por meses, visitando-o semanal ou mensalmente. Pedia nomes de clínicas e laudos para conseguir com o juiz a internação compulsória do filho. Por vezes lhe eram colocadas questões sobre se conseguiria deixar o filho sozinho num lugar tão distante, ou se achava que a internação resolveria o problema de João. Dessa forma, seus pedidos não eram exatamente respondidos, mas também não eram rechaçados. O acolhimento dessa demanda permitiu que uma relação mais próxima se estabelecesse com a mãe, coincidindo com o tempo em que foi ouvida individualmente pela psicóloga de referência.

Diante da dificuldade de conviver com as idas e vindas de João, uma das formas de acolher a demanda da mãe foi fornecer um encaminhamento por escrito para levar o paciente a uma avaliação de emergência em hospital psiquiátrico. O combinado era: caso se configurasse uma situação insustentável, fora do horário de funcionamento do CAPSad, Maria levaria o adolescente ao hospital para avaliação médica quanto à indicação de internação. No dia seguinte, João foi internado no hospital psiquiátrico de sua região.

Mãe e tia se revezaram por alguns dias acompanhando o adolescente[6], enquanto ele tentava desesperadamente fugir, correndo para o

[6] Por lei, é obrigatório que algum responsável acompanhe o menor de idade internado, dormindo no hospital junto com ele.

portão, ou, como ocorreu certa vez, confeccionando uma corda com os lençóis para pular pela janela que havia quebrado no terceiro andar. Num momento de maior distração da tia, João saiu do hospital e entrou num ônibus que passava. Desceu no ponto seguinte e telefonou para a mãe ir buscá-lo. Depois, João disse que ficou muito feliz ao ver a mãe e o padrasto logo após a fuga. Maria já não queria mais que o filho ficasse "trancado" no hospital.

No decorrer desses acontecimentos, Maria foi modificando a ideia inicial de que o problema do filho era a droga e somente uma internação resolveria. Dizia: "Mas é muito difícil para uma mãe aceitar que o filho tem problema". Isso pôde ser dito após longo tempo de escuta da mãe, e na medida em que a psicóloga não se contrapunha à demanda inicial de internar o adolescente. A posição de não tentar convencê-la a não internar seu filho parece ter permitido que fossem esgotadas suas tentativas de lidar dessa maneira com a doença de João.

Em certo momento, a partir do que o adolescente mesmo nomeava como "saudades do Ceará", Maria concluiu que esse filho tinha uma enorme tristeza dentro de si. Tratava-se de um nome próprio para a doença, compartilhado por mãe e filho, que colocava a premência de uma decisão sobre a permanência de João no Rio. Um nome muito particular para o sofrimento causado pela abertura de um quadro psicótico que marcava um antes, a se ter saudade, e um depois, de grandes dificuldades no Rio.

Amor e transferência

Quando dizia que desejava voltar ao Ceará, João tinha um motivo específico: lá ele conseguia namorar, enquanto no Rio era rejeitado pelas moças. Tentava se aproximar das meninas, segundo ele, "para transar" e era imediatamente rechaçado. Isso aparecia na transferência de forma peculiar. Havia pedidos de namoro e declarações de amor dirigidos à psicóloga. Falando com esta ao telefone, no episódio de sua fuga da internação, João contou que ouviu a seguinte frase: "Eu te amo". Em uma sessão, aproxima-se pedindo um beijo, diante do que sua psicóloga intervém, sem rechaçá-lo, colocando que o amor entre as pessoas era importante, mas que não poderiam namorar. Essa intervenção buscou acolher um amor sentido como algo real pelo paciente, ao mesmo tempo que ia na direção de modular o que havia de erótico naquela demanda.

A transferência na psicose deve ser entendida a partir das características específicas da psicose. Um importante aspecto do tratamento de João era a erotomania[7], não rara na transferência de pacientes psicóticos. Precisamos considerar que o paciente coloca o analista em determinado lugar na transferência e que isso pode servir como instrumento para viabilizar o trabalho do psicótico em análise. O analista não escolhe seu lugar no tratamento, este o espera, e é seu dever aceitá-lo e manejá-lo, tornando possível o trabalho com a palavra[8].

A intervenção no episódio descrito acima, junto à proposta de construir possibilidades para o adolescente iniciar um namoro com outra pessoa em algum momento, abriu para um trabalho com a palavra. Surgiu "liguinha", como nome da atração sexual que tinha por mulheres. Em contraponto à "liguinha", havia com seus clínicos o que denominou de "emenda de coração". A psicóloga acolhe sua fala e intervém separando: "liguinha" seria o que ele poderia ter com uma namorada, e "emenda de coração" o que tinha com seus clínicos. Essas diferentes definições de amor criadas por João pareciam abrir uma via por onde a transferência possibilitaria o trabalho, ajudando-o na confecção dessas emendas na relação com o Outro.

---

[7] Descrita por Clérambault em 1921, trata-se de uma síndrome psicopatológica caracterizada pela convicção delirante, por parte do paciente, de que uma outra pessoa, geralmente de posição social mais elevada, o ama. O paciente acredita que seu objeto de amor se declarou para ele de alguma forma: por sinais, telepaticamente ou em frases direcionadas ao público.

[8] O manejo da transferência pode ser entendido como a intervenção que acolhe e promove a comunicação das ideias e pensamentos do paciente. (Hanna, 2000)

Trabalho que contém ainda mais significação pois inclui a voz, que aparece em diferentes momentos nesse início do tratamento a respeito de sua relação com o Outro. Sobre isso podemos destacar a música, levada consigo para todos os lugares no mp4, sobretudo para seu tratamento, quando pode tomar a palavra sobre o que ouve. A ligação mantida com a mãe pelo telefone, cobrindo e mantendo a distância geográfica, era reeditada nas conversas com a psicóloga ao telefone, para que o adolescente comparecesse ao tratamento. Nesse caso, o elemento carinho, contido na fala, estabelecia ao mesmo tempo um laço e um intervalo na compulsão, apontando uma possível estabilização.

Referências bibliográficas

D'Assunção, R. & Sarmento, L. O tempo e a rede na construção do diagnóstico na adolescência. Saggese, E.; Oliveira, F. H. & Teixeira, S. B. S. *Proadolescer: pesquisa e clínica com adolescentes na rede de saúde mental*. Rio de Janeiro: 7Letras, 2013.

Hanna, M. S. G. F. *A transferência na psicose: uma questão*. Tese (Doutorado em Teoria Psicanalítica). UFRJ. Rio de Janeiro, 2000.

Lacan, J. *O seminário, livro 10: a angústia*. Rio de Janeiro: Zahar, 2005.

Munoz, N. M. *Inventar o amor: um desafio na clínica das psicoses*. Tese (Doutorado em Teoria Psicanalítica). UFRJ. Rio de Janeiro, 2005.

Muito medo de se contaminar: um caso de neurose obsessiva na adolescência[1]

Edson Saggese
Sonia Beatriz Sodré Teixeira
Joyce de Paula e Silva

Um caso de neurose obsessiva na adolescência nos situa no cruzamento de várias questões que interessam à clínica psicanalítica na contemporaneidade. A descrição dessa neurose, seus sintomas e sua estruturação deu origem a textos clássicos da psicanálise freudiana e pós-freudiana. As vicissitudes da adolescência instigaram vasta literatura, analítica e não analítica, que procura dar conta de questões subjetivas, familiares e sociais relativas a esse período etário. O termo *neurose obsessiva* tem sido, com uma frequência cada vez maior, substituído, na mídia e no meio médico-psicológico, pela expressão *transtorno obsessivo compulsivo (TOC)* sem que isso indique um mero modismo significante, mas, ao contrário, apontando para uma profunda transformação na maneira de compreender e tratar o problema. A moderna medicina mental tende a descartar toda a produção da psicanálise sobre o tema, tanto clínica como teórica, e substituí-la por conceitos neurobiológicos, apresentando

---

1 Trabalho apresentado no *I Simpósio Brasil/Moçambique de Saúde Mental de Adolescentes*, realizado em Maputo, reunindo profissionais do *Proadolescer* e da Associação de Psicologia de Moçambique, de 29 a 31 de maio de 2013.

propostas terapêuticas igualmente distantes do aporte psicanalítico. Seria essa mudança produto de notáveis avanços clínicos ou refletiria somente a hegemonia ideológica de uma corrente da medicina contemporânea?

Os postulados da *medicina baseada em evidências* – que se propõe a ditar as regras para todo o tratamento *realmente científico* das moléstias humanas – apontam para uma ruptura entre seus procedimentos – modernos e científicos – e todos os outros, supostamente ultrapassados e pré-científicos, incluindo-se nesse caso o saber psicanalítico. No caso do TOC, a psiquiatria baseada em evidências preconiza como principal tratamento o uso de antidepressivos e de psicoterapia, desde que seja aquela que as evidências científicas apontem como eficaz, ou seja, a psicoterapia cognitivo-comportamental. Como afirmava Freud (1921, p. 87), "primeiro cede-se nas palavras e depois, pouco a pouco, na coisa mesma"; assim, após a supressão da denominação neurose obsessiva, segue-se a queda do tratamento psicanalítico, ao menos no que concerne à opinião hegemônica da moderna psiquiatria. A psiquiatria contemporânea orienta-se por parâmetros diversos daqueles da psicanálise. O sintoma não é tomado como o resultado de um conflito psíquico e deve ser contido porque perturba o bem-estar do indivíduo. As intervenções devem ser objetivas, classificando e aplacando os sintomas sem remeter a qualquer questionamento subjetivo. A depressão, a ansiedade, a compulsão não necessitariam de nenhuma elaboração psíquica, mas de estratégias de controle com fármacos e técnicas comportamentais.

O caso apresentado a seguir traz um exemplo do modo de trabalho do *Proadolescer*, que convida o sujeito a falar daquilo que lhe produz mal-estar, ao invés de se esforçar para obturar o sintoma.

A menina em desespero e o tempo da família

Nas primeiras entrevistas com Laura, ela diz que existe muita gente que vai ao psicólogo só para conversar, *pessoas que não têm nada. Eu não sou assim, eu sei que tenho uma doença.* A adolescente comenta que não sabia que era uma doença até ver num programa de televisão pessoas com comportamentos estranhos como o dela: *um homem que fechava a porta e apagava as luzes várias vezes; uma menina que ia e voltava na rua um monte de vezes até conseguir sair do lugar.*

Os comportamentos que Laura diz serem estranhos foram, ao longo das entrevistas, explicitados: preocupação exagerada com limpeza, medo de contaminação por bactérias, banhos muito demorados para garantir o asseio. Ela chegava a lavar as mãos com álcool a ponto de fazer sua pele descamar. Usava apenas sabonetes bactericidas e só os utilizava uma vez, logo em seguida jogava-os fora. As pessoas da casa deveriam deixar seus sapatos na cozinha, pois estes estariam contaminados. Os familiares não podiam encostar-se nos lugares por onde ela passaria.

A jovem mencionava que seu medo de contaminação era mais intenso quando se tratava de sangue e criava histórias em que ficava envolvida com o risco de se contaminar com o vírus da AIDS. Explicava que tudo começou quando sua mãe permitiu que um parente viesse passar férias em uma casa de praia da família, pois esse parente veio acompanhado de uma amiga que era HIV positivo. Apesar de ter conhecimento sobre os modos de contaminação da doença, ela teve um comportamento aversivo ao parente e à amiga: separou os talheres e não se sentava à mesa com eles. Declara que o período *foi uma viagem horrível.* A partir dessa época, seus sintomas se agravaram e começaram a impedir que ela tivesse a vida normal que levava anteriormente, sendo boa aluna e convivendo com amigos de sua idade.

A apreensão de Laura com relação à contaminação pelo vírus da AIDS aponta para uma das *particularidades psíquicas dos enfermos obsessivos* descritas por Freud (1909). Existe neles uma oscilação constante entre convicções contrapostas: se por um lado a paciente, inteligente e esclarecida, conhecia perfeitamente os mecanismos de contágio da doença, por outro lado não se libertava da ideia obsessiva de que poderia ser contaminada pelo vírus.

Desde as primeiras entrevistas com a mãe (Selma), tornou-se notória a estreita relação entre as duas. Era comum, segundo relatos de ambas, que, após as crises, Laura fosse se confortar deitada ao lado de sua mãe. A adolescente relembra um episódio, quando tinha seis anos, em que foram passar férias numa casa *bem suja* onde havia um velho sofá: quando ela ia sentar no sofá, a mãe gritou: *Não, não senta aí, senta numa cadeira de plástico! Esse sofá está cheio de bactérias, a cadeira está mais limpa.* Laura diz que ficou com medo de sentar no sofá, quando o fazia *sentava na beiradinha e não encostava.* Quando a analista compara suas preocupações com as da mãe, a adolescente ri muito e alto, admitindo as semelhanças. Selma falava de suas dificuldades com a filha e pedia que se marcasse uma consulta psiquiátrica para que uma medicação fosse prescrita para resolver essas *maluquices.* Ela recebia a resposta de que o caso estava em avaliação e que se fosse necessário tomaríamos as providências. Comentamos sobre a medicação com Laura e ela dizia que não queria tomar remédios, pois achava que eles não resolveriam seus problemas e ainda lhe causariam mal-estar. Para a analista, era necessário apostar na decisão da adolescente que se manifestava, naquele momento, pedindo para não tomar medicação alguma. Trata-se de uma aposta no aparecimento de algo singular do sujeito adolescente, que não se escondia sob a demanda do Outro – a mãe – que exigia a medicação.

Diante desse contexto de confusão entre as demandas de mãe e filha, e de outras questões familiares, resolvemos que seria indicada uma terapia de família. Após algum tempo de iniciado esse tratamento, a mãe de Laura não mais a acompanhava nos atendimentos individuais. Lacan, em "Duas notas sobre a criança" (1969, p. 13), refere-se à possibilidade de a criança permanecer no lugar de sintoma dos pais: "O sintoma pode representar a verdade do casal. Esse é o caso mais complexo, mas também mais aberto às novas intervenções". Optamos por abordar com a adolescente a vertente do sintoma que ela tomava para si, mas havia a necessidade de deixá-la mais livre para isso e, portanto, levar o casal parental a desvelar seu enlace sintomático em outro contexto terapêutico.

Lacan (1956-1957, p. 27) assinala uma característica dos obsessivos que impõe limites à intervenção do analista, pois encerra o paciente num círculo infernal de repetições sintomáticas difícil de penetrar:

> Um jogo de retorção agressiva, um jogo de trapaça, que consiste em chegar o mais perto possível da morte ficando ao mesmo tempo fora do alcance de todos os golpes porque o sujeito, de certa forma, matou antecipadamente o desejo em si mesmo; se assim podemos dizer, ele o mortificou.

Resta ao analista buscar uma estratégia que permita superar esse tipo de entrave. No caso, ao longo dos atendimentos, a analista vai descobrindo que a melhor maneira de fazer intervenções efetivas era utilizar o humor. Laura ria muito de algumas situações criadas por ela e assim conseguia falar mais de suas dificuldades. Numa sessão, ela diz: *Sabe, eu acho que tem muita coisa debaixo dessa doença que eu não consigo entender.* Essa afirmação parece corroborar Freud (1909, p. 174) quando indica que "os enfermos não têm notícia do texto de suas próprias representações obsessivas". Prosseguindo nesse rumo, Freud assinala os efeitos da intervenção psicanalítica sobre o paciente e sua neurose, abrindo caminho para sua superação: "ocorre, sem dúvida, que o enfermo, quem até então havia se surpreendido, com terror, da percepção das suas produções patológicas, lhes presta agora sua atenção e se inteira delas com mais nitidez e detalhe".

Laura começava a falar da vontade de ter um namorado, ainda com reservas, pois inicialmente gostaria que ele fizesse *alguns exames pré-namoro, como o teste de HIV*. Afinal, ela o beijaria e poderia correr risco de contaminação. Esse fato era motivo de gargalhadas e brincadeiras do tipo: *Não sei como as pessoas que trabalham na TV e precisam beijar estranhos não exigem o teste de AIDS.* Pouco depois, Laura passou a demonstrar interesse por um determinado amigo e começou a investir nesse possível relacionamento. Matriculou-se em uma academia, sua aparência estava visivelmente mais bem cuidada. Conseguia sair com os amigos e se divertir, seus laços sociais foram sendo reconstruídos aos poucos. A melhora pode ser lida como consequência do amor, que permitiu à adolescente dirigir a libido para fora, saindo do isolamento e retornando à realidade da qual a incerteza típica do obsessivo a havia retirado. Ela resolveu que, numa festa da escola, indagaria o rapaz sobre seu interesse. Quando chegou à festa, se aproximou do menino e perguntou o que queria saber, e ele lhe respondeu: *Posso ficar com você, mas vai ter que entrar na fila.* Laura ficou muito irritada, o xingou e afirmou não querer saber mais dele.

Depois desse acontecimento, ela apresentou o que se poderia considerar um novo sintoma: não gostava que utilizassem água sanitária para limpar as coisas em sua casa. Ficava impressionada por ter usado muitas vezes esse produto para limpar suas mãos, *podia ter acabado com sua pele.* Ela comenta achar estranhas essas mudanças e diz sorrindo: *Isso aconteceu depois daquela conversa que eu tive com aquele menino. Será que ele mexe tanto comigo assim? Mas já acabou, não quero mais nada com ele.* Fica em silêncio, depois sorri e continua dizendo: *As coisas não acabam tão rápido assim, né?*

A reversão do sintoma no seu oposto pode nos levar a pensar, num primeiro momento, que não houve considerável retificação subjetiva, e que o sujeito retorna, de qualquer forma, ao seu sintoma. Mas o decorrer do tratamento vai demonstrar que, nesse caso, não foi isso que aconteceu, pois logo aparecem novas mudanças na vida da adolescente. Laura continua fazendo investimentos outros que não só nas ideias obsessivas. O fracasso da relação com o rapaz aponta para um fracasso originário, o do encontro com o objeto, e parece, paradoxalmente, produzir um relançamento do desejo na jovem obsessiva. O paradoxo é apenas aparente se levarmos em conta que o movimento próprio do obsessivo é tentar apagar qualquer traço que demarque a perda e, nesse caminho, extraviar-se do desejo. De acordo com Lacan (1964), é a perda do objeto, imaginada ao ponto mais cruel, que presentifica o desejo.

O ato de abordar o garoto empreendido pela jovem confronta-a com a falta, relança seu movimento e rompe o circuito obsessivo em que todo ato é impedido, substituído pelo pensamento.

Questões importantes, entrelaçadas ao atendimento inicial à adolescente, conduziram à opção pelo atendimento à família paralelo à escuta individual da jovem. Essas questões incluíam: a constante presença de Selma acompanhando a filha, embora esta pudesse vir sozinha; a busca permanente de contatos da mãe com a analista; a forma intensa e desesperada da mãe de viver as dificuldades da adolescente; a dependência mútua entre as duas e o alcoolismo do pai (Carlos). Tudo isso nos indicava que o oferecimento de um espaço de escuta familiar nos ajudaria a entender o funcionamento global da família e também permitiria que Laura construísse seu espaço terapêutico com menor interferência de Selma.

No primeiro momento da abordagem familiar, que caracteriza o conhecimento da família e o estabelecimento do vínculo terapêutico, o foco era apreender a dinâmica entre eles e o que se passava com todo o grupo familiar quando a adolescente começou a apresentar problemas. De imediato apareceu com nitidez a desorganização familiar, que podia ser percebida nos muitos momentos de atrasos, trocas dos dias combinados, antecipação ou mudança no horário estabelecido, tudo isso acompanhado de pedidos de desculpas e promessas de que tais confusões não voltariam a acontecer. Nessa fase dos atendimentos, chamou atenção a ausência dos filhos nos relatos trazidos, pois as falas giravam em torno do casal. De fato, os problemas de Laura não eram centrais na terapia de família, apesar de a chegada da família ao atendimento ter sido motivado por eles. Uma explicação possível é a percepção de que a mãe encontrou um lugar onde podia falar de suas insatisfações e ansiedades, antes direcionadas à filha.

Num segundo momento da terapia familiar, começa a aparecer mais detalhadamente o alcoolismo de Carlos. Ele já havia passado por uma tentativa de tratamento, dois anos antes, quando passou sete meses sem beber, voltando a fazer uso do álcool durante um carnaval. Aparece também a mobilização dos filhos frente à dependência do pai ao álcool, alternando-se sentimentos de raiva, impotência e proteção. No dia dos pais, o filho menor se recusou a dar o presente que tinha comprado, substituindo-o por uma carta acusatória e ofensiva ao pai. Este, por sua vez, nunca se lembrava do que fazia quando alcoolizado e ficava acuado e passivo frente aos filhos, minimizando as dificuldades. Percebemos o que havia por trás do humor alegre e das constantes brincadeiras de Carlos: um disfarce para sua fragilidade e impotência.

Selma começa a buscar explicações para o comportamento do marido e encontra no discurso religioso possíveis causas do alcoolismo: fala de um trabalho espiritual que alguém fez para ele e começa a frequentar grupos de orações; vai a uma cartomante que afirma a existência de outra mulher e outra filha na vida de Carlos. O comportamento de Selma se torna mais controlador, ela segue o marido na certeza de encontrar outra família, o que não se confirma. Nesse momento, percebemos que a temática do alcoolismo e suas consequências na família passam a ser verbalizadas e refletidas pelo casal, que toma para si essa questão, liberando, de certa forma, os filhos que até então ficavam enredados na responsabilidade de curar o pai. Os espaços dentro da família foram se modificando, assim como os papéis de cada um. No equilíbrio do casal, os problemas que antes se centravam em Carlos agora passam também por Selma, que começa a se conectar com suas próprias dificuldades no casamento, dividindo o ônus do fracasso conjugal entre os dois.

Um desdobramento da terapia familiar foi o surgimento de aspectos da relação entre os pais que revelam uma mulher controladora que expande para além das fronteiras do casal seus problemas com o marido, conduzindo os filhos a participarem deles. A terapia familiar ajudou-os na criação de fronteiras entre o mundo do casal e o mundo familiar, contribuindo para a liberação de Laura para uma viagem ao exterior. Agora o casal não precisava mais dela como porta-voz de seus conflitos e, também nesse sentido, a separação mãe-filha pôde ser vivenciada positivamente por ambas.

Considerações clínicas

Referindo-se à análise com crianças – que, quanto a essa questão, guarda relações com a abordagem de adolescentes –, Freud (1933, p. 137) afirma:

> As resistências internas que combatemos nos adultos são substituídas na criança, na maioria das vezes, por dificuldades externas. Quando os pais se erigem em portadores da resistência, amiúde periga a meta da análise ou ela mesma, e por isso torna-se necessário juntar à analise da criança algum influxo analítico sobre os progenitores.

Ignorar essas relações entre o trabalho com o adolescente e a interferência dos pais em nome de um rigor da intervenção psicanalítica – que, supostamente, deveria voltar-se somente para o sujeito – poderia nos conduzir a mimetizar o próprio obsessivo no seu afã de isolamento, no seu medo de contaminar-se. Ao sujeito adolescente deve-se oferecer uma escuta individual, mas as condições para que ocorra alguma retificação nas suas posições subjetivas exigem uma intervenção na família. Partimos da afirmação freudiana da necessidade de um trabalho com os pais para permitir a psicanálise do filho. E o que seria essa intervenção – ou *o influxo analítico sobre os progenitores*, nas palavras de Freud? Se não é possível usar o dispositivo analítico tradicional no contexto familiar, recorremos então a outras formas de intervenção na família, sem que isso nos impeça de constituir uma escuta analítica voltada para as questões do adolescente, tomado como um sujeito singular.

A condução do caso também aponta para a flexibilidade que a clínica com adolescentes exige. Os graves sintomas obsessivos de uma adolescente e os sérios impasses da sua família foram abordados sem o uso de medicação ou técnicas comportamentais. Isso não conduz à conclusão de que a estratégia exposta é a única eficaz – pelo contrário: permite pensar que não é clinicamente produtivo atrelar-se a concepções que preconizem uma atitude uniforme para todos os desafios que a realidade apresenta. A *psiquiatria baseada em evidências* e as intervenções calcadas numa pretensa objetividade científica, voltadas à eliminação dos sintomas, não levando em conta nenhum questionamento da subjetividade envolvida na sua produção, podem conduzir a um perigoso reducionismo.

Referências bibliográficas

Freud, S. (1909). A propósito de un caso de neurosis obsesiva (caso del Hombre de las Ratas). *Sigmund Freud. Obras completas.* Buenos Aires: Amorrortu, 1988.

Freud, S. (1921). Psicología de las masas y análisis del yo. *Sigmund Freud. Obras completas.* Buenos Aires: Amorrortu, 1988.

Freud, S. (1933). Nuevas conferencias de introducción al psicoanálisis - 34ª Conferencia. Esclarecimientos, aplicaciones, orientaciones. *Sigmund Freud. Obras completas.* Buenos Aires: Amorrortu, 1988.

Lacan, J. (1969). Deux notes sur l'enfant. *Ornicar?* n. 37, pp. 13-14. Paris, 1986.

Lacan, J. (1956-1957). *O seminário, livro 4: a relação de objeto.* Rio de Janeiro: Zahar, 1995.

Lacan, J. (1964). *O seminário, livro 11: os quatro conceitos fundamentais da psicanálise.* Rio de Janeiro: Zahar, 1998.

A anorexia na clínica com adolescentes

Camila Drubscky

Anorexia e adolescência são duas palavras que, frequentemente, caminham juntas. Elas encontram-se articuladas não só no discurso midiático como nos estudos que se debruçam sobre cada uma das duas temáticas. Quando se fala em anorexia, fala-se no tempo da adolescência. E, quando se fala nos "sintomas" da adolescência, cada vez mais nos deparamos com os quadros de anorexia entre os chamados "transtornos alimentares". O que está em questão nessa articulação?

Sabemos que a adolescência é um tempo de passagem no qual o sujeito se vê convocado a construir para si um lugar no mundo a partir de onde ele possa falar em nome próprio. Tal empreitada, contudo, coloca uma série de desafios delicados e uma cota de sofrimento a pagar. O sujeito adolescente vê-se compelido a abrir mão da segurança do mundo infantil para lançar-se ao desconhecido mundo adulto. O corpo através do qual ele se reconhecia sofre transformações, apresentando novas questões. As referências identificatórias que sustentavam seu ser de criança tornam-se insuficientes para responder pela escolha decisiva que o sujeito terá que fazer na partilha entre os sexos. Essa travessia, portanto, coloca para o adolescente a exigência de encontrar uma nova maneira de ser, longe do círculo familiar, junto a outras companhias.

Trata-se de um tempo em que a questão da separação se impõe. Muitas vezes, o adolescente se vê carente de recursos simbólicos para nomear o sofrimento próprio a essa travessia e, por isso, atua a sua dor. Consideramos que os quadros de anorexia são uma expressão dessa dor.

A reflexão apresentada neste trabalho foi suscitada pelos desafios que essa clínica me colocou. Receber adolescentes com um emagrecimento importante, e todas as consequências fisiológicas que essa grande perda de peso acarreta, produz situações delicadas de manejar. Para mim, essa delicadeza pode ser traduzida a partir da seguinte tensão: por um lado, enquanto analista, não posso abrir mão daquilo que me orienta, ou seja, a escuta do sujeito. Por outro, os limites colocados pelo corpo produzem riscos à saúde do indivíduo que não podem ser negligenciados pelo psicanalista. Além disso, esses riscos incitam uma urgência que faz coro com a aflição dos pais/familiares do adolescente e, não raro, acaba precipitando intervenções do analista – e também dos demais profissionais que trabalham com o paciente. Sendo assim, como dialogar com esses profissionais, acolher a aflição da família e sustentar a escuta do sujeito sem, contudo, se deixar atropelar por essa urgência que também atravessa a escuta do analista?

Com o objetivo de reunir subsídios para fazer frente a esses desafios, fiz uma breve pesquisa bibliográfica pra me situar nessa seara. A minha reflexão está orientada pelo referencial psicanalítico, mas visitei estudos que falam a partir de outras orientações teóricas e apresentam diferentes perspectivas para manejar essa clínica tão delicada.

O presente artigo, portanto, visa refletir sobre o tratamento da anorexia na adolescência a partir desses diferentes manejos clínicos. Tal reflexão me leva a perguntar sobre o lugar a partir de onde esses adolescentes são recebidos e escutados. A minha hipótese é a de que faz toda a diferença se o adolescente é recebido como um "indivíduo" que tem um transtorno alimentar ou se o mesmo é escutado enquanto um sujeito cujo sintoma anoréxico tem lugar em sua economia psíquica. Procurarei estabelecer uma interlocução com as ideias que recolhi, buscando problematizá-las.

O trabalho realizado por uma equipe multidisciplinar é, comumente, indicado como sendo o tratamento mais potente nos casos de anorexia, ainda que não haja consenso no que diz respeito ao tratamento da mesma. A composição das equipes, em termos das "especialidades" e orientações teóricas, varia.

Concordo que o trabalho em equipe é potente, mas considero mais interessante quando a composição da equipe pode ser construída a partir dos elementos que são recolhidos através da escuta do adolescente e de seus familiares. Ou seja, acredito que é essa escuta que deve orientar/indicar os tempos das intervenções dos diferentes profissionais. Contudo, nem sempre as coisas acontecem assim.

Os estudos que estão teoricamente amparados fora do campo da psicanálise são unânimes em afirmar que o aspecto mais importante da anorexia é o fato de ela ser um transtorno alimentar. E, orientados por essa premissa, constroem um "programa" de assistência no qual o impacto produzido pelos corpos radicalmente fragilizados convoca intervenções clínicas que, frequentemente, se sobrepõem à escuta do sujeito adolescente, circunscrevendo uma determinada direção de tratamento já de início.

Percebo que, muitas vezes, a urgência em cuidar do corpo macérrimo convoca a predominância do ponto de vista médico e isso se confunde com o tratamento da anorexia em si. O perigo dessa direção de trabalho fortemente marcada pelo saber médico é a certeza de que o indivíduo ficará bem se e quando voltar a comer. Sendo assim, todos os esforços ficam concentrados nesse objetivo e, com isso, deixa-se de perguntar a que/a quem esse quadro de anorexia responde.

Há um atropelo em resolver/oferecer estratégias para fazer esse corpo recuperar o peso e, frequentemente, perdem-se de vista as questões do adolescente. Inclusive, deixa-se de considerar que a anorexia pode ser um episódio na vida do jovem – muitas vezes endereçado ao casal parental – e não necessariamente uma condição crônica.

Esses "programas" de tratamento para os transtornos alimentares costumam oferecer um espaço de acolhimento para os pais/familiares dos adolescentes, mas o trabalho, geralmente, visa orientá-los na fiscalização/controle da ingesta alimentar do jovem.

Essa forma de tratar me parece inconveniente por duas razões: a primeira delas porque essa direção segue a trilha imaginária de "engorda" iniciada pela mãe, uma vez que a posição predominante na equipe é a de demandante, posição pouco produtiva nessas circunstâncias, pois faz série com o contexto no qual esse sujeito está inserido. O sujeito que sofre de anorexia está habituado a ser demandado, sempre. É na recusa do alimento, nesse "nada" que o anoréxico come, que ele tenta se preservar como sujeito desejante. Com o seu ato, o sujeito anoréxico tenta criar a falta que lhe falta. Ele tenta criar uma brecha através da qual possa escapar do aprisionamento que a obturação do buraco do Outro lhe introduziu.

A segunda razão está relacionada com um aspecto que comentei anteriormente. Não raro, a pressa em tomar providências para que o adolescente recupere o peso encobre a possibilidade de perceber, por exemplo, quando a anorexia é um sintoma endereçado ao casal parental. E, se é assim, consideramos fundamental dar lugar às questões que lhes concernem para ajudá-los a construir outras saídas. Até porque, geralmente, quando a condição clínica do adolescente melhora, os médicos e a família tendem a considerar que tudo está bem. No entanto, nesse momento, o adolescente está mais acossado pelas suas questões, que estavam adormecidas enquanto ele se ocupava em contar calorias e controlar a balança. À medida que o jovem vai dando lugar para aquilo que o agita e pode encontrar as palavras para traduzir a sua dor, novas questões passam a circular entre as relações familiares, produzindo outras consequências. Esse tempo do trabalho é precioso, e acredito que faz toda a diferença se a família tem a chance de ser acolhida/acompanhada nesse processo tão difícil.

Durante a minha pesquisa, o título de um artigo chamou a minha atenção: "Anorexia nervosa: estudo de caso com uma abordagem de sucesso". A autora, Maria Cecília Cañete, é coordenadora do Serviço de Psicologia do Centro de Atendimento e Apoio ao Adolescente da Universidade Federal de São Paulo. Ela atribui o "sucesso" conquistado ao fato de o tratamento ser realizado em grupo psicoterápico heterogêneo, ou seja, o grupo é formado por adolescentes que sofrem por diferentes razões. O comportamento anoréxico não se constitui enquanto foco de trabalho do grupo. Trata-se de um grupo reunido em torno de questões diversas da adolescência – e não, como costuma ocorrer, em grupos de pacientes com transtorno alimentar. Segundo ela, esse método mostrou-se eficaz tanto na adesão quanto na evolução do caso.

A direção construída por esse grupo de trabalho vai ao encontro daquela que considero interessante: receber esses adolescentes enquanto sujeitos que apresentam um sofrimento psíquico, e não apenas como anoréxicos, amplia as possibilidades de que eles venham a se tratar. Ou seja, ampliar a escuta para acolher as questões que o adolescente traz, sejam elas quais forem, favorece o estabelecimento da transferência, condição primordial para a sustentação do tratamento.

Ampliar a escuta é estar legitimamente interessado naquilo que o adolescente tem a dizer e não considerar somente aquilo que concerne à "dinâmica anoréxica". É escutar uma adolescente que chega com o diagnóstico de anorexia e, no momento em que encontra a analista pela primeira vez, elogia o sapato que ela está usando, e não tomar esse dito como bla-bla-blá – ao contrário, apostar que o mesmo diz tanto dela quanto o quadro de anorexia.

Inclusive, isso vale para o trabalho com a família. Muitas vezes, percebemos a dificuldade dos pais em reconhecer a importância das questões que compõem o universo de seus filhos. Ao mesmo tempo que são capazes de afirmar que a adolescência é uma fase complicada, tendem a não legitimar tais complicações na lida diária. Sentem-se perdidos em discriminar o que é da ordem do sofrimento e o que fica na esfera do capricho. Perguntam-se quando devem acolher e quando precisam colocar limites mais claros.

Lacan nos deixou ferramentas importantes, as quais ajudam a sustentar a minha posição. Há pelo menos duas passagens em sua obra onde ele articula as ideias que se constituíram como balizas para orientar meu trabalho. A primeira data de 1958, está no texto "A direção da cura e os princípios de seu poder", e gira em torno dos comentários de Lacan sobre "o homem dos miolos frescos", paciente atendido por Ernst Kris. O que está em questão ali é a relação entre a anorexia e o saber, mais ainda, o horror que todo sujeito experimenta diante do saber inconsciente. Para Lacan, a anorexia é consequência da relação do sujeito com o Outro do saber. Os sujeitos que padecem de anorexia sofrem de um aprisionamento à demanda do Outro materno. E, quando a criança se recusa a satisfazer a demanda da mãe, o que está em questão é um pedido de que a mesma tenha um desejo fora dela, ou seja, que se mostre em falta, produzindo uma disjunção entre saber e gozo.

O segundo momento, contemporâneo ao anterior, localiza-se no Seminário 4 (1956-1957), mais precisamente no capítulo XI, intitulado "O falo e a mãe insaciável". Ali, Lacan parte de uma retificação do conceito de frustração para dizer que a frustração não é a recusa de um objeto de satisfação, uma vez que a satisfação é da ordem da necessidade. Ele resgata a *Versagung* freudiana para dizer que o que está em jogo no campo da frustração é a recusa do dom, do dom de amor. O dom implica o ciclo de troca, no qual o sujeito se introduz primitivamente. A noção freudiana de apelo, enquanto fundador da ordem simbólica, ganha relevo, na medida em que aquilo que é chamado pode ser rejeitado.

Estamos na lógica do *Fort-Da*, na qual o que está em jogo é a "dolorosa dialética do objeto, ao mesmo tempo ali e nunca ali" (Lacan, 1956-1957, p. 186). Essa é a base da relação do sujeito com o par presença-ausência. Contudo, nos casos de anorexia, a satisfação da necessidade entra em cena e substitui a satisfação simbólica.

No momento em que se introduz no real a inversão simbólica da atividade substitutiva, a mãe, que até então era o sujeito da exigência simbólica, o simples lugar onde podia se manifestar a presença ou ausência, torna-se real e, portanto, onipotente. O comer nada, então, se apresenta como resistência à onipotência materna. Alimentando-se do nada, o sujeito inverte a sua relação de dependência, tornando-se o mestre da onipotência. A partir de então, é ele quem está à mercê de sua própria onipotência (Lacan, 1956-1957, p. 190).

Talvez por isso as jovens que sofrem de anorexia recebam com mais dificuldade os profissionais que lhes dirigem a palavra a partir de um lugar de saber. Essa posição parece fazer coro com aquela da mãe onipotente, recrudescendo o sintoma.

Dessa forma, apostamos que um trabalho com a família, paralelamente à escuta do sujeito adolescente, é a direção mais potente para esses casos, pois as intervenções permitem colocar em trabalho as questões que dizem respeito às relações de forma mais ampla, bem como permitem ter mais clareza sobre o momento em que as intervenções médicas devem ser incluídas.

Referências bibliográficas

Abreu, C. N. & Cangelli Filho, R. Anorexia nervosa e bulimia nervosa – Abordagem cognitivo-construtivista de psicoterapia. *Revista de Psiquiatria Clínica*, v. 31, n. 4. São Paulo, 2004.

Cañete, M. C. *et al.* Anorexia nervosa: estudo de caso com uma abordagem de sucesso. *Fractal: Revista de Psicologia*, v. 20, n. 2. Rio de Janeiro, jul/dez. 2008.

Lacan, J. (1958). A direção do tratamento e os princípios de seu poder. *Escritos*. Rio de Janeiro: Zahar, 1998.

Lacan, J. (1956-1957). *O seminário, livro 4: a relação de objeto.* Rio de Janeiro: Zahar, 1995.

Pizon, V. *et al.* Peculiaridades do tratamento da anorexia e da bulimia nervosa na adolescência: A experiência do PROTAD. *Revista de Psiquiatria Clínica*, vol. 31, n. 4. São Paulo, 2004.

Durante e depois: o tempo da transferência na clínica do Proadolescer

Sonia Beatriz Sodré Teixeira
Joyce de Paula e Silva

No campo psicanalítico, é considerada importante a questão do contorno que se dá ao *setting*, o cuidado com esse lugar que se constrói na relação transferencial com o analista. O suporte da transferência é condição necessária a qualquer intervenção ou manejo clínico. A experiência do *Proadolescer* com o atendimento de adolescentes e suas famílias em um ambulatório público de saúde mental pode nos ajudar a entender e considerar as comunicações que ocorrem fora dos contornos desse *setting* como componentes do processo analítico.

A condução de diferentes casos atendidos no *Proadolescer* aponta para a flexibilidade que essa clínica requer, na medida em que deve acolher tanto as demandas do próprio adolescente quanto as de sua família, exigindo dos profissionais envolvidos criatividade no manejo dos desafios existentes. Nesse sentido, fica clara a importância de não se recorrer a procedimentos uniformes e pré-estabelecidos em cada área profissional e sim ao exercício sistemático de reflexões em equipe sobre os diversos tipos de atendimento, sendo essa uma característica da nossa metodologia de trabalho.

Uma das reflexões da equipe, nesse momento, diz respeito à manutenção do vínculo de alguns adolescentes e/ou familiares com os profissionais e o serviço após o término formal do tratamento. Quer seja para dar notícias sobre suas vidas, quer seja para solicitar um novo encontro, muitos jovens voltam ao serviço tempos depois e estreitam contatos cujo enquadramento parece à equipe um tanto impreciso. Ainda somos seus terapeutas? De que lugar escutá-los? O que eles esperam de nós?

Tomando essas questões como ponto de partida, vamos apresentar resumos de três casos que mantiveram vínculos com o *Proadolescer* por mais de cinco anos após o que poderia ser tomado como o encerramento dos atendimentos. Refletir sobre esses casos pode nos ajudar a conhecer melhor o processo de evolução da transferência no atendimento de adolescentes e suas famílias.

Caso 1: Ana, de 15 anos, e seus familiares foram atendidos por uma psicanalista e uma terapeuta de família do *Proadolescer*, inicialmente durante dois anos seguidos. Posteriormente, ao longo de seis anos, procuraram as profissionais que os atenderam, em diferentes momentos, sempre com pedidos explícitos de ajuda. A adolescente apresentava, num primeiro momento, sintomas que a impediam de estudar e de se relacionar com seus amigos e familiares, pois entendia que todos tinham alguma doença que poderia ser transmitida para ela quando em contato direto com essas pessoas. A manutenção dos laços sociais por essa jovem e a construção de novos relacionamentos era impedida pela gravidade da sintomatologia que apresentava. A família, por sua vez, se apresentou bastante desorganizada em seu funcionamento. Os temas trazidos nas sessões familiares eram a insatisfação no casamento dos pais, o uso de drogas pelo pai, sua extrema dependência da mulher e a falência das funções parentais. A adicção do pai produzia uma mobilização importante nos filhos (Ana e seu irmão Tadeu, de 12 anos), que tinham sentimentos ambivalentes de raiva e cuidado com o pai, tornando a dinâmica entre pais e filhos bastante confusa e sofrida. Ao longo dos atendimentos familiares, os conflitos passaram a ser verbalizados e assumidos pelo casal parental, que tomou para si essa questão, liberando os filhos da responsabilidade de curar o pai – o que teve ressonâncias também no atendimento individual da adolescente.

Aos poucos, os espaços dentro da família foram se modificando, havendo maior clareza na comunicação e nos lugares de cada um. Essa família encontrou uma organização mínima para seu funcionamento e, após um ano de atendimento, houve, de comum acordo, o encerramento da terapia de família, pois entendemos que tratar uma família não significa acabar com suas dificuldades, mas ajudá-la a encontrar e construir uma interação menos disfuncional.

Cinco anos depois, a mãe volta a procurar o *Proadolescer* por estar "em crise" (*sic*) e pede um atendimento psiquiátrico para si. Uma psiquiatra da equipe se dispõe a recebê-la, mas a mãe só comparece uma única vez e não dá continuidade ao tratamento. Um ano depois desse atendimento, os filhos fazem uma solicitação de atendimento familiar, porque estavam muito aflitos e preocupados com o comportamento da mãe, que tinha deixado seu trabalho por medo de sair de casa e mantinha um discurso religioso bastante "fanático" (*sic*), além de a casa estar caótica, sem cuidados e organização. O pai também estava cada vez mais ausente. Foram feitas quatro sessões da terapia de família, nem sempre com a presença de todos, pois ora vinham só os filhos, ora só a filha, ou ainda mãe e filha, o que limitou nosso trabalho, que requeria constância nas presenças.

Naquele momento, essa família não parecia capaz de enfrentar suas dificuldades. Todos se sentiam desamparados e despreparados para lidar com os graves transtornos que a mãe apresentava. Frente ao fraco investimento familiar no tratamento e à percepção de que os profissionais estavam mais investidos do que a própria família, os atendimentos foram suspensos, na medida em que se percebeu o mecanismo utilizado de só procurar a equipe quando a situação ficava fora de controle, sem possibilidade de sustentar os espaços terapêuticos. Essa percepção foi transmitida à família e se conversou sobre esse padrão que estavam mantendo. A filha, que inicialmente foi o motivo da ida ao serviço, voltou a procurar sua terapeuta e deu continuidade ao atendimento individual.

Esse caso nos mostra vários aspectos interessantes da nossa prática clínica com adolescentes: a importância de se ouvir a família e junto a ela construir uma parceria de tratamento; a percepção de que os sintomas circulam entre os diferentes membros do grupo familiar ao longo do acompanhamento do caso; o trabalho da equipe de oferecer suporte aos terapeutas, discutindo as estratégias e possibilitando que os limites aparecessem; e por fim a relevância de não se ter um modelo de atendimento pré-estabelecido a ser seguido em todos os casos, pois, frente a cada situação, se montavam possibilidades de ajuda em diferentes níveis e momentos. Algumas de nossas reflexões giraram em torno do que foi inalcançável nessa família e por que o vínculo com os profissionais não foi suficiente para sustentar a continuidade do trabalho. A interrupção da nova tentativa de atendimento familiar nos conduz à constatação de que as transformações na dinâmica da família podem produzir limites à atuação dos terapeutas, ainda que houvesse, previamente, uma forte ligação transferencial.

Caso 2: Ruth, de 15 anos, seus familiares foram atendidos por uma psicanalista e uma terapeuta de família do *Proadolescer* durante um ano. Quatro anos depois de encerrado o tratamento, a mãe volta a nos procurar solicitando um encontro, pois estava enfrentando problemas com outra filha, Maria, de 8 anos, que havia tirado dinheiro de sua carteira. Um ano depois houve uma nova procura, e assim a família foi mantendo contatos esporádicos com a terapeuta de família por mensagens de texto ou ligações telefônicas.

O motivo inicial da procura ao serviço foi uma tentativa de suicídio de Ruth, a filha mais velha, que colocou fogo em seu corpo depois de uma briga com o namorado. A adolescente se mostrava intempestiva, instável emocionalmente e, sempre que se desentendia com o namorado, jogava objetos nele e vice-versa, quer fosse em casa ou na rua.

Também brigava com as irmãs, a mãe e o padrasto. Ela deu início aos seus atendimentos, mas faltava muito e parecia pouco envolvida no processo terapêutico, apesar de, nesse período, sua vida ter se tornado mais organizada: fez um curso de manicure e foi trabalhar num salão, como queria.

Os familiares, por sua vez, aproveitaram bastante as sessões de terapia de família: eram participativos e interessados em entender o que se passava na relação entre eles. Mesmo com todas as dificuldades de chegar ao serviço: os deslocamentos eram feitos com sacrifício e gastos que pesavam no orçamento doméstico. A mãe tinha muitos problemas emocionais, com histórico de abuso de bebidas alcoólicas. Apesar disso, era empenhada na busca por se conhecer melhor e educar bem suas filhas. Nos últimos três anos, tornou-se mais estável, após casar-se com um homem que lhe trouxe equilíbrio afetivo e financeiro.

Durante o processo terapêutico, percebemos que havia muita agressividade no relacionamento familiar. Os desentendimentos eram resolvidos com brigas físicas e gritaria. Havia confusão nos papéis familiares. As filhas ficavam, muitas vezes, no lugar da mãe, ao mesmo tempo que demandavam dela proximidade e afeição maternais. Apresentava-se assim um ciclo de respostas agressivas e padronizadas que precisava ser transformado. Nesse sentido, nossa ação terapêutica constituiu uma barreira à violência, procurando quebrar esse padrão. Uma questão que permeava todo o processo era o uso da hierarquia e do poder que eram exercidos por todos e por ninguém.

Após um ano, e frente às dificuldades na continuidade dos atendimentos, o caso se concluiu. Porém, como foi dito anteriormente, o vínculo permaneceu, e a forma de se escutar essa família sofreu mudanças, acontecendo fora do *setting* tradicional. Um exemplo disso foram os contatos estabelecidos com a terapeuta familiar, via mensagens de texto, pela segunda filha, então com 15 anos, que busca saber se ainda atendíamos em Botafogo porque “gostaria de conversar sobre uns probleminhas, coisas do meu jeito de me relacionar com as pessoas à minha volta". Na certeza de nossa disponibilidade, agradeceu e não mais nos procurou, fazendo-nos pensar que uma ajuda não necessariamente passa só pelo atendimento feito na instituição, mas também se estabelece pela garantia de uma "ligação" que permaneceu.

Caso 3: Armando começa os atendimentos no *Proadolescer* aos 14 anos e se mantém durante cinco anos em tratamento. Depois de quatro anos do fim dos atendimentos, continua dando notícias sobre sua vida atual na Europa.

O adolescente chega ao serviço acompanhado do cunhado, Mauro, que diz estar preocupado com Armando, pois ele está falando em matar os irmãos mais velhos do primeiro casamento do pai. Esses irmãos ficaram com a casa e a pensão que o pai deixou para todos os filhos ao morrer. Como o cunhado tinha uma arma em casa, ele se preocupava com o que poderia acontecer a Armando ou a sua própria mulher e filhos. A mãe de Armando tinha morrido havia cinco anos, o pai havia oito anos e, a partir daí, a situação financeira e a dinâmica familiar se tornaram difíceis para todos. Júlio, irmão por parte de pai, começou a usar drogas e a apresentar comportamentos estranhos, como não tomar banho e parecer estar "fora da realidade", até ser internado com o diagnóstico de esquizofrenia. A irmã se casou, teve dois filhos e acolheu Armando e Júlio em sua casa. Armando não se dá bem com o cunhado, diz que ele não o entende. Mauro trabalha como enfermeiro e fornecia medicação a Armando sem prescrição médica, escondendo os remédios na comida do adolescente. Alegava que Armando era nervoso, tinha retardo mental, comportamento antissocial e poderia ser perigoso para os sobrinhos. O cunhado também afirmava que a mãe de Armando morreu por culpa dele: "Ela foi ficando fraca e morreu", pois ele "dava muito trabalho", era "muito bagunceiro".

Armando começa o atendimento individual e, diante das dificuldades com os familiares, eles também começam a ser vistos por uma terapeuta de família da equipe. Comparecem às sessões por alguns meses, mas aos poucos vão se afastando dos atendimentos e acabam por desistir dos mesmos, deixando Armando sozinho nos encontros com a terapeuta de família. Nos atendimentos individuais, Armando relata as suas dificuldades em morar com Mauro e diz que a irmã e o cunhado estão pensando em pagar um lugar para ele morar, mas com uma mulher estranha – uma vizinha que ele não conhece, por isso ele não quer ir. Armando também traz para as sessões a dificuldade de se relacionar com pessoas de sua idade na escola ou no local onde mora. Diz ter "crise de nervos" e ser "zoado" na escola. Num dado momento, ele se apresenta muito emagrecido e com a aparência mal cuidada. Afirma que gosta mesmo é de falar no celular que ganhou da irmã que mora na Europa. Telefona muitas vezes para as terapeutas, dizendo ser importante para ele a manutenção do contato com elas. Armando não dizia nada durante os telefonemas, mas seu silêncio era endereçado a elas, assim se certificava do reconhecimento de um lugar que se delineava para ele. Não nutria raiva pelos outros irmãos, muito pelo contrário: falava que a irmã mais velha havia ido para a Itália e prometido voltar ao Brasil para buscá-lo, mas já haviam passado quatro anos. Ele começou a investir na sua mudança para a Itália e na sua reaproximação com a irmã. Dizia que morar lá com ela seria muito bom para ele. Os atendimentos individuais terminaram com a saída da terapeuta da instituição, mas ele se manteve nas sessões familiares, sozinho, por mais quatro anos. O aparente paradoxo reside na sua atitude em utilizar o que deveria ser um tratamento familiar para reconstituir uma família que, de fato, não se encontrava presente.

Nas sessões de terapia de família, a que ele raramente faltava, os assuntos diziam respeito às lembranças de seus pais, a como gostaria que fosse sua família e às providências que deveria tomar para viabilizar sua ida à Itália, como tirar passaporte e aprender italiano. Armando utilizava o celular de forma muito intensa, era muito preocupado com o aparelho e dizia não suportar ficar muito tempo sem ele. Sua utilização começou a chamar a atenção nos atendimentos. Ele ligava para a terapeuta para ouvi-la perguntar quem era, mas não respondia. Os telefonemas aconteciam a qualquer hora. Nos atendimentos, ele dizia precisar desse suporte do possível *ser-u-lar*, que era como ele chamava o aparelho. Em uma sessão, Armando leva para o atendimento uma música de sua igreja.

Em tua presença

Existe um lugar
na fenda da rocha
bem junto a ti
em tua presença
Existe um lugar
aconchegado
ao teu coração
em tua presença

A letra da música escolhida por Armando e levada à sessão traduz a relevância de um lugar construído por ele e endereçado à terapeuta. Era importante para ele constituir uma família, mesmo que inicialmente o fizesse sozinho nos seus atendimentos com a terapeuta de família.

Cabe lembrar que Armando, diante da precariedade dos laços afetivos com seus familiares, estabeleceu com o espaço institucional (secretária do serviço e outros pacientes) relações estreitas de proximidade e convivência, uma vez que ele chegava no momento em que o ambulatório abria e só saía na hora de seu fechamento. Isso nos faz pensar que tanto o espaço físico como as pessoas que lá circulam eram importantes para Armando sentir que tinha um lugar de pertencimento provisório, e isso só foi possível pelo vínculo que ele estabeleceu com o serviço.

Armando retomou seus contatos com a irmã e começou a combinação com ela sobre sua viagem. Foi morar com ela na Itália e parecia muito feliz em sua companhia, lá permanecendo até hoje, agora morando com amigos. Ele manteve contato com a terapeuta de família pelo celular durante meses após a viagem, dando notícias sobre sua adaptação. Três anos depois de sua partida, ainda mantinha contato, dizendo estar bem, trabalhando, com uma namorada, falando com desenvoltura sobre qualquer assunto.

Um fator determinante para que esses pacientes possam voltar a procurar os profissionais do *Proadolescer* é a manutenção da equipe. O fato de haver uma pequena rotatividade de profissionais favorece a continuidade do trabalho por um longo período, permitindo também que os adolescentes e suas famílias nos encontrem com facilidade, o que nãomundo parece ser comum em serviços públicos de saúde. Os profissionais do *Proadolescer* acolhem os pedidos durante e após o término formal dos atendimentos dos adolescentes e suas famílias, seja por telefonemas, emails, mensagens de texto etc. A transferência se dá tanto com o serviço quanto com os profissionais, e continua sendo importante para os sujeitos ao longo do seu processo de passagem da infância à vida adulta. Poder acompanhar os desdobramentos das situações inicialmente trazidas e trabalhadas, perceber jovens se tornando adultos e pais atravessando o processo de adolescência dos filhos tornou-se um privilégio da clínica do *Proadolescer*. Ao mesmo tempo, constitui um desafio futuro desenvolver teoricamente todas as implicações que essas questões nos trazem.

Referências bibliográficas

Freud, S. (1916). 27ª Conferencia de introducción al psicoanálisis. La transferencia. *Sigmund Freud. Obras completas*, v. XVI. Buenos Aires: Amorrortu, 2010.

Lacan, J. (1960-1961). *O seminário, livro 8: a transferência.* Rio de Janeiro: Zahar, 1992.

Saggese, E.; Oliveira, F. H. & Teixeira, S. B. S. (Orgs.). *Proadolescer: pesquisa e clínica com adolescentes na rede de saúde mental.* Rio de Janeiro: 7Letras, 2013.

Supervisão: especificidades da clínica com adolescentes

Joyce de Paula e Silva

Este trabalho tem como propósito pensar o que é a supervisão clínica de atendimentos psicanalíticos de adolescentes, do que se trata nesse dispositivo tão importante e, ao mesmo tempo, tão difícil de manejar. A experiência que pretendo dividir diz do trabalho de supervisão que desenvolvo há oito anos em uma universidade no interior do Estado do Rio de Janeiro, utiliza como suporte teórico a psicanálise e conta com a participação de alunos de graduação em psicologia. Trata-se de uma atividade que auxilia na formação desses alunos que se interessam pela psicanálise e também pela clínica com adolescentes. Não há exigência de estar em análise pessoal, mas existe essa orientação em relação aos alunos que participarão do estágio. Sabe-se que a supervisão faz parte do tripé de formação do analista (análise pessoal, estudo conceitual e supervisão clínica) e que sem a análise pessoal o trabalho clínico torna-se mais difícil. Apesar dessas dificuldades, as supervisões têm tido continuidade e boa acolhida por parte dos alunos, sendo este o único serviço do município que se propõe a atender adolescentes a partir da teoria psicanalítica.

Arrisco afirmar que o desejo dos alunos de aprender sobre a psicanálise e atender adolescentes tem feito a diferença para o desenvolvimento de um bom trabalho. A transferência de trabalho existe e é a partir disso que a supervisora é escutada, o que tem certa ressonância para os estagiários e sua clínica. Poderíamos chamar esse trabalho de psicanalítico? De fato, não são analistas, mas temos tido alguns avanços clínicos com os adolescentes atendidos nesse dispositivo acadêmico. Talvez possamos chamar de um trabalho de acompanhamento terapêutico de orientação psicanalítica. Bem, que seja assim; o fato é que vários adolescentes atendidos conseguem avançar bastante em seus percursos, e alguns alunos se tornam bons profissionais.

Nessa instituição tenho a oportunidade de desenvolver um trabalho dedicado exclusivamente à clinica com adolescentes, não agrupando as discussões dos casos de adolescentes com as de adultos ou as de crianças. Sugiro, a partir dessa proposta de reflexão, algumas questões: existe especificidade na clínica com adolescentes? Existe justificativa para uma supervisão clínica exclusiva para os estagiários que atendem adolescentes? É necessário conceituar do que se trata quando falamos de adolescência para fazer um bom trabalho clínico com essa clientela? A psicanálise nos ensinou a apostar na escuta do sujeito, sujeito do inconsciente. Então, diante dessa afirmação, o sujeito pode ser uma criança, um adulto, um idoso ou um adolescente que não fará diferença na escuta? Verificamos atualmente algumas diferenças em relação aos atendimentos psicanalíticos de crianças e de adultos a partir dos avanços teórico-clínicos produzidos por autores como Donald Winnicott, Melanie Klein, Françoise Dolto e outros que se esforçaram para explicar quais seriam essas diferenças. Na clínica com crianças, o acolhimento familiar e a utilização de recursos lúdicos são condições necessárias aos atendimentos, dentre outras peculiaridades sobre as quais não me deterei aqui. E na clínica com adolescentes? Quais seriam as especificidades?

O adolescer se diferencia para cada sujeito de acordo com os recursos psíquicos que ele pode construir para contornar questões importantes como elaborar perdas próprias desse processo (os pais da infância, o corpo de criança). As circunstâncias da vida, a demanda do Outro social impõem decisões ao adolescente: escolher profissão, objeto amoroso, opção sexual. A família tem um papel muito importante nesse processo, pois precisa ofertar ao filho pontos de ancoragem para que esse sujeito adolescente possa ir e vir, se afastar e se reaproximar da família de acordo com as suas escolhas. A travessia da adolescência coloca para o sujeito, em determinados momentos desse trajeto, a necessidade de avançar ou recuar na sustentação do seu desejo.

A adolescência é marcada por um descompasso entre as modificações corporais e os processos psíquicos. O corpo conhecido da infância é perdido e em seu lugar aparece um mal-estar em relação ao novo corpo, visto agora como estranho. Segundo Alberti (2004), é sob o olhar do Outro que o corpo adolescente muda de estatuto e de valor, perdendo a exclusividade do olhar dos pais. A genitalidade passa a ocupar uma posição dominante para o sujeito e a estruturação da imagem corporal é posta à prova através das transformações impostas pela puberdade. A puberdade, entretanto, está incluída no conceito mais amplo que é a adolescência. A adolescência marca um período de transformações que se inicia com as mudanças físicas e se estende até a eleição do objeto sexual. O corpo biológico pode estar apto para o encontro com o sexo, mas a escolha do objeto sexual ao qual o sujeito poderá se endereçar e investir requer um tempo, revelando as identificações simbólicas que foram inscritas na infância e podem se reeditar nesse processo de adolescer.

Os pais são os primeiros objetos de amor da criança, deixando uma espécie de herança emocional para relacionamentos posteriores. Ao crescer, a criança vai sendo capaz de perceber aos poucos a fragilidade dos pais, constatando que eles não são tão mágicos, perfeitos e poderosos quanto antes achava. É na adolescência que os modelos identificatórios infantis começam a afrouxar. O adolescente então tem a possibilidade de se voltar para o mundo externo e encontrar seu próprio jeito, relançar seu processo identificatório. Para se exercer como um sujeito desejante, é preciso poder se separar desses pais. Essa tarefa não é fácil, mas é necessária para o atravessamento da adolescência. Como afirmou Freud (1905, p. 234), o desligamento progressivo dos pais constitui "uma das mais significativas e, também, uma das mais dolorosas realizações psíquicas do período puberal". Portanto, na busca do adolescente por sua identidade e independência, o luto dos pais idealizados da infância torna-se essencial. O corpo púbere já estaria, pelo menos fisicamente, preparado para o ato sexual, mas isso não é suficiente, sendo necessário, para sua consecução, o desligamento dos primeiros objetos amorosos.

O trabalho com adolescentes exige um olhar cuidadoso para as particularidades do adolescer, e a prática com esses sujeitos tem evidenciado uma grande dificuldade dos profissionais em lidar com as especificidades dessa clínica. A adolescência não se reconhece apenas por parâmetros etários e cronológicos, mas especialmente, de acordo com a psicanálise, pela lógica da constituição subjetiva de cada adolescente. Esse fato requer de quem atende uma maleabilidade de estratégias de intervenção. Em alguns momentos do tratamento, por exemplo, é "permitido" brincar com o adolescente, utilizando material lúdico como jogos, para, em outros momentos, ajudá-lo a renunciar a determinadas brincadeiras mais infantis. Essa possibilidade de ampliar as formas de intervir nos atendimentos dos adolescentes permite a esses sujeitos revisitarem a vida infantil e criarem condições para transitarem entre esses dois mundos – o infantil e o adulto. A intervenção psicanalítica acompanharia assim o processo da crise da adolescência, no qual há um movimento regressivo/progressivo até que o sujeito possa escolher um lugar para sustentar seu desejo.

A escuta do adolescente, principalmente nos casos de adolescentes com grave sofrimento psíquico, precisa vir acompanhada de uma abordagem da família. Muitas vezes, também, de uma avaliação quanto ao uso de psicofármacos. As diferentes intervenções utilizadas devem ser articuladas por uma equipe multidisciplinar que reconheça as particularidades de cada caso, o que é de extrema importância para produzir resultados eficazes para o adolescente em tratamento.

O *Proadolescer* (Programa Ambulatorial para Adolescentes de Risco, no IPUB/UFRJ) tem apostado, há mais de vinte anos, na necessidade de abordagens específicas quando se trata dos atendimentos clínicos com adolescentes. O Programa reúne, num trabalho conjunto, diferentes vieses teórico-clínicos (psicanálise, terapia de família e psiquiatria) e categorias profissionais (médicos, psicólogos, psicanalistas e assistentes sociais). A flexibilidade das intervenções corresponde à variabilidade da clínica. Em lugar de um protocolo rígido, que determinaria um conjunto de ações a serem executadas em todas as situações, os recursos terapêuticos são aproveitados em função das dificuldades e oportunidades que se apresentem. Participo do trabalho teórico e clínico do *Proadolescer* e me parece pertinente afirmar que a atividade de supervisão que desenvolvo na universidade carrega essa marca.

Nos casos graves, que constituem o alvo principal do *Proadolescer*, dificilmente uma abordagem, isoladamente, abrange todas as necessidades da intervenção clínica. O trabalho conjunto enriquece a compreensão dos casos, desde que os profissionais não estejam presos a esquemas teóricos rígidos em relação à clínica. Esse modelo implica em discordâncias eventuais e discrepâncias quanto a prioridades nas intervenções e na interpretação dos fatos clínicos. A despeito das dificuldades decorrentes dessas questões, identificamos vantagens na prática adotada. Embora seja o referencial psicanalítico a base explicativa dos sintomas e dos conflitos subjetivos que abordamos, não somos levados a concluir que esse único referencial possa dar conta da realidade das intervenções necessárias na clínica com adolescentes. O trabalho em equipe, com reuniões periódicas, ações coordenadas e consensuais, constitui pressuposto básico para a eficácia da clínica com casos graves e complexos na adolescência.

Após esses breves esclarecimentos sobre o processo da adolescência e a descrição do trabalho do *Proadolescer*, volto ao tema supervisão para atendimentos de adolescentes. Por que é tão comum que se atendam adolescentes ou como crianças ou como adultos? Por que é tão frequente que haja estágios de atendimentos de crianças e adolescentes juntos? Por que é tão difícil acolher o adolescente como sujeito atravessado pelas especificidades que lhe são tão importantes?

Quando iniciam a supervisão dos casos de adolescentes, os estagiários formulam diferentes perguntas com relação a essa clínica: atenderei os adolescentes na sala de ludoterapia ou na sala de adultos? Proponho jogos ou não? Atendo a família do adolescente? Atendo os responsáveis para pegar a autorização de atendimento e para o que mais? Como conduzir o manejo clínico da família do adolescente? O adolescente falou da festa aonde ele foi no último final de semana, não falou nada da questão que se apresenta na queixa inicial da triagem, acho que eu não soube atendê-lo...

As questões que aparecem nas supervisões demonstram dificuldades próprias da clínica com o adolescente, relacionadas ao processo subjetivo pelo qual ele passa e precisa atravessar. Quando não se reconhecem essas questões inerentes à complexidade do sujeito adolescente, usualmente se rechaça o problema. Se eu não sei fazer algo, melhor afirmar que não é importante fazê-lo. E a exclusão, tanto da família, por dificuldades em atendê-la, quanto do próprio adolescente, por muitas vezes não ser possível enquadrá-lo num modelo de atendimento de certa forma padronizado e conhecido, acontece constantemente.

Assim, voltamos às perguntas trazidas pelos estagiários. Podemos afirmar que a proposta de escuta do terapeuta deve respeitar o que o sujeito adolescente apresenta como pedido. Se ele se interessa por jogos, por que não jogar? Se ele não quer ficar na sala de ludo, por que mantê-lo lá? O importante é poder escutar o adolescente como ele puder se manifestar: seja pelo jogo, pela música, pelo lúdico sem palavras, pelo lúdico com palavras. Dar lugar ao adolescente, sem julgamentos de valor social ou mesmo de rigidez teórica, é poder de fato ouvi-lo.

Quanto à família, instituição necessária ao tratamento do adolescente, deve-se acolhê-la, dar lugar a ela, da maneira como ela pode estar no tratamento do jovem. A partir daí, a cada caso, se constrói uma estratégia de intervenção: atende-se o adolescente com os pais inicialmente; atende-se o adolescente sozinho e inclui-se a família em outros atendimentos com o mesmo terapeuta que atende o jovem; indica-se a família para tratamento com um terapeuta de família... Enfim, não estabelecemos, *a priori*, como deve ser o manejo clínico do adolescente (e de sua família), mas sabemos que ele é um sujeito que tem especificidades características do processo de adolescer, e isso deve ser levado em consideração.

No trabalho de supervisionar, nos deparamos com impasses clínicos que trazem bastante desconforto aos estagiários. A supervisão do caso de uma menina de 14 anos pode ajudar no melhor entendimento dessas dificuldades. Podemos reconhecer uma situação de muito sofrimento para a adolescente e a família, pois chegam ao serviço a partir de um encaminhamento escolar relatando que a menina não consegue permanecer em sala de aula, pois fica ansiosa por motivos diversos ao longo das aulas e precisa sair da sala inúmeras vezes durante o período de estudo. Tem conseguido se manter em sala por mais tempo somente com a presença da psicóloga escolar ou da diretora. A mãe da menina se apresenta à estagiária muito preocupada e ansiosa com a situação da filha, diz que "entende a filha, pois ela própria tem síndrome do pânico e sabe como é isso".

A estagiária faz algumas entrevistas com a mãe e dá continuidade aos atendimentos individuais com a adolescente, que fala sobre suas dificuldades com muita clareza. A adolescente se mostrava muito ligada à mãe, e a mãe a ela, de tal maneira que a estagiária precisava promover algum espaço de separação entre as duas. A estagiária chegava à supervisão muito tomada de raiva da mãe pela frequente invasão aos atendimentos da filha: a mãe sempre tentava entrar na sala de atendimento para dizer algo supostamente importante sobre a adolescente. A estagiária precisava manejar clinicamente essa relação, o que não era fácil. Ela relatava que "a mãe não permite a melhora da filha", ou que "a mãe estraga tudo". Mas como tratar a filha sem a mãe? Como tratar a filha com a mãe? Como achar uma forma possível de manejar esse caso? Sob supervisão, a estagiária conseguiu separar as questões da mãe e as questões da adolescente, ajudando as duas nesse processo de distanciamento possível entre elas. A menina foi se sentindo mais à vontade nos atendimentos e, três meses depois, já não tinha problemas em permanecer em sala de aula, voltou a se relacionar com os amigos e a levar a sua vida adolescente.

Outro caso atendido sob supervisão foi o de um adolescente de 16 anos que chegou ao serviço por demanda espontânea, acompanhado do pai, com a queixa de uso abusivo de drogas, pedindo ajuda. Foram feitas entrevistas com o pai, que falava da grande preocupação com o uso de drogas do filho, e os atendimentos individuais com o adolescente começaram acontecer. O adolescente falava recorrentemente de sua paixão pela dança, dizendo que gostaria de investir na profissão de professor de dança, pois "é o que sabe fazer bem". Até que faltou a uma sessão e a estagiária entrou em contato com o pai por telefone. O pai disse que precisou ir ao dentista e, por isso, os dois não puderam estar no atendimento, já que o pai sempre acompanhava o filho. Quando a estagiária interrogou o adolescente quanto ao motivo da falta à sessão anterior, ele repetiu que não pôde estar porque seu pai foi ao dentista. A estagiária perguntou quem teve de ir ao dentista. Ele respondeu: "Meu pai". Ela perguntou: "Então por que você não veio?". E ele disse que só vai ao atendimento com seu pai, mesmo que saiba ir sozinho. Depois dessa intervenção, o jovem não retornou, justificando não querer ir mais aos atendimentos. A estagiária ficou muito decepcionada, afirmando que não conseguiu atender bem o adolescente. Como o processo de supervisão sempre se dá no *a posteriori*, só então foi possível a ela constatar a sua precipitação quanto à intervenção feita sobre a separação entre pai e filho.

A supervisão dos dois casos se refere ao importante aspecto do manejo clínico da separação entre os adolescentes e seus pais. Essa questão parece bastante pertinente ao processo de adolescer, já que se sabe que o adolescente precisa separar-se de seus pais da infância. Outros exemplos, extraídos da experiência de supervisionar o trabalho com adolescentes, poderiam ser acrescentados, referindo-se a outras questões clínicas antes levantadas. Acreditamos, porém, já termos justificativas suficientes para concluir pela necessidade de uma supervisão específica, voltada à clínica com adolescentes.

Referências bibliográficas

Alberti, S. *O adolescente e o Outro*. Rio de Janeiro: Zahar, 2004.

Equipe do *Proadolescer*. A proposta do Programa Ambulatorial para Adolescentes de Risco (*Proadolescer*). Saggese, E.; Oliveira, F. H. & Teixeira, S. B. S. *Proadolescer: pesquisa e clínica com adolescentes na rede de saúde mental*. Rio de Janeiro: 7Letras, 2013.

Freud, S. (1905). Três ensaios sobre a teoria da sexualidade. *Edição standard brasileira das obras psicológicas completas de Sigmund Freud*. Rio de Janeiro: Imago, 1976.

Sobre os autores

Coordenador do Proadolescer

Edson Saggese

Psiquiatra, psicanalista e professor doutor do IPUB/UFRJ. Autor de *Adolescência e psicose: transformações sociais e os desafios da clínica* (Companhia de Freud, 2001) e organizador de *Proadolescer: pesquisa e clínica com adolescentes na rede de saúde mental* (7Letras, 2013).

Subcoordenadora do Proadolescer

Sonia Beatriz Sodré Teixeira

Assistente social, com especialização em Terapia de Família pelo IPUB/UFRJ. Mestre em Serviço Social pela PUC-Rio e doutora em Ciências da Saúde pela UFRJ. Organizadora do livro *Proadolescer:*

pesquisa e clínica com adolescentes na rede de saúde mental (7Letras, 2013).

Pesquisadoras do Proadolescer

Camila Drubscky
Psicanalista, com especialização em Terapia de Família pelo IPUB/UFRJ, mestre e doutora em Psicologia Clínica pela PUC-Rio.

Fernanda Hamann de Oliveira
Psicóloga, com especialização em Saúde Mental da Infância e Adolescência pelo IPUB/UFRJ. Psicanalista, participante do Tempo Freudiano Associação Psicanalítica. Mestre e doutoranda em Teoria Psicanalítica pela UFRJ. Organizadora do livro *Proadolescer: pesquisa e clínica com adolescentes na rede de saúde mental* (7Letras, 2013).

Isabela Xavier Ferreira de Sá
Psicanalista, membro do Tempo Freudiano Associação Psicanalítica, doutora em Teoria Psicanalítica pela UFRJ e supervisora na Rede de Saúde Mental de Niterói.

Joyce de Paula e Silva
Psicóloga, psicanalista, com especialização em Saúde Mental da Infância e Adolescência pelo IPUB/UFRJ e em Psicanálise e Saúde Mental pela UERJ, mestre em Pesquisa e Clínica em Psicanálise pela UERJ.

Marcela Weck
Psicóloga com especialização em Arteterapia pela UCAM e em Terapia de Família pelo IPUB/UFRJ, psicóloga do Centro de Convivência Villa Ipanema e coordenadora do Coletivo Carnavalesco *Tá Pirando, Pirado, Pirou!*

Maria Aimée Laupman Ferraz Mutti
Psicóloga, psicanalista, com especialização em Saúde Mental da Infância e Adolescência pelo IPUB/UFRJ e em Psicanálise e Saúde Mental pela UERJ, mestre em Psicanálise e Saúde Mental pela UERJ.

Raquel Corrêa de Oliveira
Psicanalista, membro do Tempo Freudiano Associação Psicanalítica, com especialização em Psicologia Clínica pela PUC-Rio e mestrado em Saúde Coletiva pelo Instituto de Medicina Social da UERJ. Doutoranda do Programa de Teoria Psicanalítica da UFRJ.

Roberta D'Assunção
Psicanalista, participante da EBP-Rio, especialista em Saúde Mental da Infância e Adolescência pelo IPUB/UFRJ, mestre em Teoria Psicanalítica pela UFRJ e psicóloga do CAPSad Centra-Rio.

Autores convidados

Dalva Reis Barbosa
Psicóloga clínica. Especialista em Álcool e outras Drogas pela UFRJ. Diretora técnica do Serviço de Recepção e Intercorrências do Hospital Psiquiátrico de Jurujuba, em Niterói, entre 2006 e 2013.

Francisco Leonel F. Fernandes
Psicólogo, professor da Faculdade de Psicologia da UFF. Psicanalista, membro do Tempo Freudiano Associação Psicanalítica. Supervisor do programa de Álcool e outras Drogas do Município de Niterói.

Luciana Timotheo
Psicóloga, especialista em Psicologia Clínica pela PUC-Rio. Psicóloga do Serviço de Recepção e Intercorrências e coordenadora do Serviço

de Internação para Adolescentes e Crianças do Hospital Psiquiátrico de Jurujuba.

Marcio Moreno Barbeito

Psiquiatra e diretor do CAPSad Centra-Rio da Secretaria de Saúde do Rio de Janeiro.

Marcos Eduardo Abreu Milo

Psiquiatra do CAPSi Monteiro Lobato e do Serviço de Internação de Adolescentes e Crianças do Hospital Psiquiátrico de Jurujuba, em Niterói.

Marisa Cytryn Solberg

Psicanalista, membro do Tempo Freudiano Associação Psicanalítica, mestre em Terapia de Família pela Universidade de Chicago, mestre em Teoria Psicanalítica pela UFRJ e psicóloga do ambulatório do Hospital Psiquiátrico de Jurujuba, em Niterói.

Simone Alves

Psicóloga, especialista em Saúde Mental pelo IPUB/UFRJ e coordenadora do ambulatório de saúde mental da Policlínica Comunitária Doutor Sérgio Arouca, em Niterói.

Impresso nas oficinas da
SERMOGRAF - ARTES GRÁFICAS E EDITORA LTDA.
Rua São Sebastião, 199 - Petrópolis - RJ
Tel.: (24)2237-3769